Alev Tekinay
Die Deutschprüfung

Die Erzählungen Alev Tekinays sprechen von der kulturellen Zerrissenheit der in der Bundesrepublik lebenden Türkinnen und Türken, die sich nicht nur hierzulande als Fremde fühlen, sondern bei der Rückkehr in die Türkei oft erleben müssen, dort ebenfalls nicht mehr heimisch zu sein.

Alev Tekinays Erzählungen kreisen um diese Erfahrung, sich nirgendwo ganz zu Hause zu fühlen und doch in beiden Ländern zu Hause sein zu wollen. Sie will die beiden Kulturen nicht gegeneinander ausspielen, sondern sucht nach dem Verbindenden, in dem sich die Gegensätze aufheben lassen.

Doch die Wirklichkeit gerät Alev Tekinay dabei nicht aus den Augen – selbst in jenen Erzählungen nicht, denen sie die Form des Märchens gegeben hat.

Alev Tekinay, geboren 1951 in Izmir, deutsches Abitur, studierte in München Germanistik (1976 MA, 1979 Promotion zum Dr. phil.). Sie unterrichtete Deutsch als Fremdsprache und Türkisch an verschiedenen bayerischen Universitäten. Seit 1983 Universitätsdozentin in Augsburg.

Neben wissenschaftlichen Aufsätzen sowie Lehr- und Wörterbüchern für Deutsch und Türkisch veröffentlichte sie Erzählungen und Gedichte in Anthologien sowie den Erzählband *Über alle Grenzen* (vergr.). Literaturpreis des Münchener Instituts für Deutsch als Fremdsprache. Die deutschschreibende türkische Autorin lebt in München und Augsburg.

Alev Tekinay

Die
Deutschprüfung

Erzählungen

Brandes & Apsel

Auf Wunsch informieren wir Sie regelmäßig über das Verlagsprogramm.
Eine Postkarte an den Brandes & Apsel Verlag, Nassauer Str. 1-3,
D–6000 Frankfurt a. M. 50, genügt.

CIP-Titelaufnahme der Deutschen Bibliothek

Tekinay, Alev:
Die Deutschprüfung : Erzählungen / Alev Tekinay. - Frankfurt
(Main) : Brandes u. Apsel, 1989
  (Literarisches Programm ; 12)
  ISBN 3-925798-62-5
NE: GT

literarisches programm 12

Copyright 1989 by Brandes & Apsel Verlag GmbH,
Nassauer Str. 1-3, D–6000 Frankfurt a. M. 50
Alle Rechte vorbehalten
Umschlaggestaltung: Volkhard Brandes, Frankfurt a. M.
Umschlagzeichnung: Barbara Rieder, Wermelskirchen
Druck: F. M. Druck, 6367 Karben 2

ISBN 3-925798-62-5

Inhalt

Dazwischen

Jeden Tag packe ich den Koffer
ein und dann wieder aus.

Morgens, wenn ich aufwache,
plane ich die Rückkehr,
aber bis Mittag gewöhne ich mich mehr
an Deutschland.

Ich ändere mich
und bleibe doch gleich
und weiß nicht mehr,
wer ich bin.

Jeden Tag ist das Heimweh
unwiderstehlicher,
aber die neue Heimat hält mich fest
Tag für Tag noch stärker.

Und jeden Tag fahre ich
zweitausend Kilometer
in einem imaginären Zug
hin und her,
unentschlossen zwischen
dem Kleiderschrank
und dem Koffer,
und dazwischen ist meine Welt.

Der Todesengel

»Du kommst wieder zu spät«, sagte die Lehrerin. Ihre Stimme war kalt, abweisend, keine Entschuldigung anerkennend. Sie trommelte mit den Fingern auf ihren Tisch und starrte auf Tamer, der hilflos dastand, eher apathisch, geistesabwesend.

»Na«, rief sie, »ich warte auf deine Entschuldigung. Hast du wieder die S-Bahn verpaßt?«

»Haben Sie es in den Zeitungen nicht gesehen?« fragte der Junge mit einer zitternden Stimme.

»Was ist mit den Zeitungen?« erwiderte die Lehrerin und schob ihre Brille zurecht.

»Es ist alles meine Schuld«, begann Tamer plötzlich zu schluchzen. Er hatte das Gesicht in den Händen vergraben und zitterte am ganzen Körper.

Noch nie hatte die Lehrerin ihn so erlebt, deshalb wußte sie nicht, was sie sagen, wie sie reagieren sollte.

»Wenn ich nur nicht –«, schluchzte er und konnte nicht weiterreden, er schwitzte aus allen Poren.

»Was ist denn passiert?« brachte die Lehrerin endlich mühsam heraus, »was ist denn passiert, Tamer? Erzähl doch.«

München, Marienplatz, S-Bahnstation, 14 Uhr

Nächster Zug: S 2 nach Petershausen. Vorsicht an den Türen. Donnernd rollten die Räder aus der Finsternis in die fahle Helligkeit der S-Bahnstation.

Einstieg bitte, Bahnsteig Mitte. Zu-rück, Zu-rück-bleiben. Dröhnende Befehle aus allen Lautsprechern, ein endloser Menschenstrom, das ewige Gekrächze der ratternden Räder. Tamer hatte die Hände in die Taschen seines Anoraks gesteckt, der wie ein Militäranorak der Bundeswehr aussah wegen des Fähnleins, das am Ärmel angenäht war. Tamer wollte nicht als Ausländer auffallen, weil er Angst hatte. Er war nicht so mutig wie Gökhan oder Ahmet oder Öner. Er nahm den Haß wahr, der in den Augen der deutschen Gleichaltrigen funkelte. Er nahm ihn ernst, vielleicht zu ernst. Dennoch konnte er sich nicht verstecken. Am liebsten wäre er als unsichtbarer Mensch herumgelaufen, aber die schwarzen Haare verrieten ihn, vor allem die großen, braunen Augen. Deshalb trug er eine dicke Sonnenbrille, Tag und Nacht, im Sommer wie im Winter.

Tamer fror in der kühlen Steinluft der S-Bahnstation, obwohl es Mitte Mai war, Frühsommer. Er knöpfte seinen Anorak zu und ging am Bahnsteig auf und ab. Gleich nach dem Unterricht war er zur S-Bahnstation gekommen, obwohl er wußte, daß er noch viel Zeit hatte, eine halbe Stunde Zeit. Wenn die anderen, Gökhan, Ahmet und Öner dabei gewesen wären, hätte er sicherlich mit ihnen einen Innenstadtbummel gemacht, die S-Bahn verpaßt, die nächste und die übernächste auch.

Sie fehlten aber heute im Unterrricht, weil sie etwas Wichtigeres vorhatten. Als Tamer sich daran erinnerte, schrak er auf wie aus einem Traum. Er seufzte und blickte schaudernd in das Gedränge der S-Bahnstation, ohne es wahrzunehmen. Die Angst ballte sich wieder in der Magengegend zusammen, sie wuchs und füllte ihn bis zum Zerspringen. Ich bin ein Feigling, dachte er, weil ich jetzt nicht bei ihnen bin. Um sich die Zeit zu vertreiben, begann er die Werbeplakate in der S-Bahnstation zu lesen: Bei uns ist der Kunde König – Tanzschule am Sendlinger Tor – Ich gehe meilenweit für eine –

Keine schlechte Idee, dachte er und steckte sich eine Zigarette an.

Nächster Zug S 1 nach Freising...

Ein donnerndes Geröll prasselte auf Tamer nieder. Dann war es ihm, als ob er eine Musik gehört hätte, als ob alles zum Stillstand gekommen wäre, die Züge, die Menschen, alles. Eine ungeheure Spannung zog sich durch die matte Beleuchtung.

»Hast du für mich auch 'ne Zigarette?«

»Ja, klar«, antwortete Tamer wie im Traum, während er eilig in seinen Taschen suchte.

Das Mädchen, das ihn angesprochen hatte, hatte ein unbeschreibliches Etwas, das Tamer verzauberte. Nein, sie war nicht hübsch, sie war auch wahrscheinlich älter als Tamer, noch dazu fast zu klein und zu dünn. Ein gewöhnliches Punkmädchen auf den ersten Blick.

Tamer wußte selbst nicht, was ihn an dem Mädchen so beeindruckte. Die borstenartig kurz geschnittenen Haare waren in Papageienfarben getönt. An einem Ohr hing ein langer Ohrring, der die schmale Schulter berührte. Am Kragen der schwarzen Lederjacke glänzte eine Sternbrosche. Die Lippen und die Fingernägel waren rostbraun angemalt. An jedem Finger steckten mehrere Ringe. Vielleicht war es das Gesicht: engelhaft-unschuldig, oder die Augen, der leidvoll-sehnsüchtige Blick.

Während Tamer ihr Feuer gab, fragte sie ihn mit einer verrauchten Stimme, wie er denn hieße.

»Tamer.«

»Ach, was du nicht sagst.«

»Wieso?«

»Du bist auch Türke.«

»Was heißt ›auch‹?«

»Ja, mei, das ist ja ein Ding. Ich bin auch Türkin, Mann.«

»Ein türkisches Punkmädchen?«

»Da staunst du, was?«

Das Mädchen lachte laut, aber auch wenn sie lachte, blieb der Gesichtsausdruck unverändert – traurig. Als ob sie weinte.

»Ich glaube es dir nicht, daß du Türkin bist.«

Nächster Zug S 4 nach Ebersberg. Vorsicht an den Türen...

Sie lachte weiter und begann, die Unterhaltung auf türkisch fortzusetzen, damit er ihr glauben mußte. Fassungslos starrte Tamer sie an und schwitzte in den Händen. Der Rauch aus ihrem halboffenen Mund legte sich als bläulicher Schleier über ihr Gesicht.

»Ich bin nicht von hier«, erzählte sie leichthin, »ich komme aus dem Ruhrpott da oben, das heißt, ich bin dort nur aufgewachsen. Auf die Welt kam ich irgendwo in der Südtürkei.«

»Und deine Eltern?«

»Die leben irgendwo in einem Kaff zwischen Dortmund und Duisburg. Wir haben uns verkracht, meine Alten und ich, weißt?

Ich bin ein paar Mal abgehauen. Dann haben mich meine Alten in ein Jugendheim gesteckt. Von dort bin ich wieder abgehauen.«

»Und was machst du jetzt?«

»Jetzt bin ich auf der Durchreise. Bis München bin ich getrampt. Ist ja 'ne dolle Stadt, echt wahr. Ich will weiter nach Süden ziehen, Junge. Bis in die Türkei. Vielleicht lebe ich mal ausnahmsweise dort. Ich hab das Leben in Deutschland satt. Ich hab überhaupt das Leben satt. Ich hab solche Sehnsucht nach dem Tod.«

»Sag so etwas nicht.«

Sie zuckte resigniert die Achseln und starrte reglos auf den Boden.

»Was hast du jetzt vor?« fragte Tamer sie.

»Ich brauche Kohle. Für die Weiterfahrt. Ich bin ja pleite. Ich würde schon gerne einige Tage in München bleiben und mir die Stadt ein bißchen angucken. Aber ich hab ja keine Bleibe. Ich weiß nicht, wie es weitergehen soll. Scheiße.«

»Komm doch mit«, schrie Tamer aufgeregt, mit einer Stimme, die ihm selber fremd klang und biß sich auf die Lippen.

Wie leichtsinnig von mir, dachte er gleichzeitig, was mache ich mit ihr? Meine Eltern würden sie bestimmt nicht aufnehmen, ganz abgesehen davon, daß Vater mich wegen dieser Bekanntschaft verprügeln würde.

Andererseits aber brannte in ihm der sehnliche Wunsch, sich von dem Mädchen nicht trennen zu müssen. Nein, er hatte sich nicht in sie verliebt, es war etwas anderes. Bewunderung? Mitleid?

»Meinst du es ernst?« riß sie ihn aus seinen Gedanken.

»Wie? Was? Ach so«, stotterte Tamer und dachte, daß Gökhan und die anderen ihm vielleicht weiterhelfen würden.

Nächster Zug S... nach...

»Ja«, rief Tamer, »das ist mein Zug. Beeile dich, wenn du mitkommen willst.«

»Klar will ich. Einen Moment.«

Das Mädchen lief zu einer Säule, hinter der sie ihren Rucksack deponiert hatte. Sie packte ihn und sprang in den S-Bahnwagen, während die Türflügel schlagartig zugingen.

Nächster Halt Karlsplatz. In Fahrtrichtung rechts aussteigen. Während sie von der Finsternis des Tunnels geschluckt wurden, fiel Tamer ein, daß er noch nicht wußte, wie sie hieß. »Nenn mich, wie du willst«, flüsterte sie, ihr Gesicht blieb dabei unbeweglich.

»Du bist wie ein Engel«, murmelte Tamer, »ich nenne dich Engel: Melek. Gefällt dir der Name?«

Sie nickte bloß.

Starnberg, Waldstraße, 15.30 Uhr

Der Blick von der Terrasse auf den See konnte für Herrn Solmaz alle Sehnsucht stillen. Es war fast derselbe Blick wie von seiner Villa auf der Henna-Insel über das Marmara-Meer. Dasselbe bläulich-murmelnde Glitzern, die Segelboote wie fliehend weiße Punkte am Horizont. Dazu mußte man sich natürlich die Regenwolken wegdenken und durch die Musik die heimatliche Atmosphäre stärker vergegenwärtigen.

Mit einem Täßchen Mocca in der Hand stand Herr Solmaz nachdenklich auf der Terrasse der schönen Etagenwohnung in Starnberg und lauschte dem Kreischen der Möwen.

Er ärgerte sich über die grauschwarzen Wolken und den naßkalten Wind, der das Blau des Sees gnadenlos wegfegte. Ein bleierner See lag nun vor ihm, die Wellen klatschten wie nasse Tücher. Eilig strömten Segelboote, die wie weißbeschwingte Seevögel am Horizont vorüberflogen, in die Richtung des Jachthafens, während eine metallisch zischende Stimme in einem kalten Echo unaufhörlich dröhnte: Sturmwarnung, ans Ufer – Sturmwarnung, ans Ufer.

Herr Solmaz drehte sich um und ging in das gemütliche, teuer eingerichtete Wohnzimmer.

»Wo sind die Jungs?« fragte er dann mit autoritärer Stimme seine Frau, und ohne auf ihre Antwort zu warten, fuhr er fort. »Ich verstehe die Welt nicht mehr. Wir waren arm, aber glücklich. Dann kamen wir in dieses gottverdammte Land, wurden reich, gründeten Exportfirmen, wohnen jetzt in der schönsten Gegend des Freistaats Bayern, uns geht's blendend, aber –«

»Sprich nicht so, Fuat«, unterbrach ihn seine Frau, »Allah liebt die Undankbaren nicht.«

»Ja, ja, jetzt geht's uns, Allah sei Dank, gut, aber dafür machen uns jetzt unsre Kinder das Leben schwer«, seufzte Fuat Solmaz mit einer weinerlichen Stimme. Sein starker, dunkler Haarwuchs war von zahlreichen grauen Haaren durchzogen. Er hatte den Kopf sinnend geneigt und die Arme ineinander verschränkt.

»Sie sind uns so fremd, unsere Kinder sie sind –, sie sind –«

»Fuat«, unterbrach ihn seine Frau, »tust du unseren Kindern nicht Unrecht? Mag sein, daß Gökhan ein bißchen frech ist. Aber Erhan ... Unser großer Sohn. Hat er nicht alle unsere Wünsche erfüllt? Er hat das Abitur geschafft und studiert nun. Betriebswirtschaftslehre ...«

»Ja, ja, das mag schon sein. Aber er ist auch ein komischer Kerl. Immer still und – und, was weiß ich. Ein Träumer, ja. Ein Phantast ist er. Nur uns zuliebe macht er Betriebswirtschaft. Seine Lieblingsbeschäftigung ist aber Dichten. Na ja, Erhan macht mir eigentlich nur wenig Kopfschmerzen, aber Gökhan ... Frau, kannst du mir sagen, was aus ihm wird? Er schwänzt die Schule, treibt sich in den Discotheken herum und prügelt sich mit deutschen Jungs. Ach –«

Fuat Solmaz ließ sich auf dem Sofa nieder und vergrub das Gesicht in den Händen. »Auch in der Wahl seiner Freunde ist er nicht besonders klug«, fuhr er dann mit trüber Stimme fort.

»Nun, Tamer ist ein anständiger Bursche«, antwortete seine Frau.

»Ja, ja, Tamer ist schon in Ordnung«, murmelte Herr Solmaz, »aber die anderen? Die schauen doch wie Verbrecher aus. Der eine von ihnen, Ahmet, glaube ich, stand bereits ein paarmal vor dem Jugendgericht. Ist das nicht ein gefährlicher Umgang für Gökhan?«

Frau Solmaz senkte den Blick.

Das dumpfe Brausen des Sees hatte ein gewitterhaftes Gefühl in ihr Herz schleichen lassen, das ihr durch Mark und Bein drang.

»Weißt du zufällig, wo Gökhan ist?« fragte ihr Mann, seine Lippen bebten, »ist er mit dem Segelboot unterwegs?«

»Nein, bei Gott nicht«, flüsterte sie mit einem Frösteln, das so stark war, daß sie zu zittern anfing. »Heute nachmittag hat er doch Schule«, stammelte sie.

Der Wind rüttelte an den Fensterscheiben, während die ersten Regentropfen fielen. Durch die halboffene Balkontür drang die gellende Stimme bis ins Wohnzimmer: Sturmwarnung, ans Ufer. Sturmwarnung. Sturm.

War es das dumpfe Brausen des Sees oder eine unerklärliche, unbeschreibliche Musik, die wie elektrische Spannung in der nassen Luft lag, eine Musik, die alles in unruhiger Erwartung erzittern ließ?

»Wir sind die sogenannte zweite Generation«, kicherte Öner tänzelnd und stampfte mit den Stiefeln auf dem Bürgersteig, »und wir sind krank.«

»Wir sind krank«, bestätigten ihn Ahmet und Gökhan in einer gerade erfundenen Melodie, so daß ihre ironischen Klagen wie ein Lied klangen.

»Und heimatlos«, hieß der Refrain.

»Und steck dir dein Wohlwollen in den Arsch, Wöri-Bubi«, beendeten sie ihr Lied und lachten erstickt auf.

Wöri-Bubi nannten sie den Bewährungshelfer und Sozialarbeiter Klaus-Dieter Wörishofer, der für den Bezirk Starnberg zuständig war. Er betreute Ahmet und einige deutsche Jugendliche.

»Uns ist nicht mehr zu helfen«, grinste Ahmet, als er die Tür der Eisdiele »Kormoran« mit einem Fußtritt aufschwingen ließ.

»Ist doch ein tolles Gedicht«, rief Gökhan mit strahlenden Augen:
»Wir sind die sogenannte zweite Generation,
wir sind krank
und heimatlos,
steck dir dein Wohlwollen in den Arsch,
Wöri-Bubi,
uns ist nicht mehr zu helfen.«
Sie sprachen Deutsch miteinander. Fast akzentfrei. Ahmet und Öner fielen zwar durch ihre dunklen Haare und Augen als Ausländer etwas auf, aber Gökhan ... Ganz nach hinten hatte er seine glatten, hellblonden Haare gekämmt. Seine Augen waren so blau, als ob sie die deutsche Übersetzung seines türkischen Namens wären: Himmelskaiser. Und tiefblau funkelten sie voller Haß.

»Wir sind doch hier aufgewachsen«, schrie er, »dieser Boden gehört uns genauso, wie er euch gehört.«

»Nun mal langsam, Kno-Boy«, zischte Nicky wie eine Schlange, »der Bezirk Starnberg samt Seeshaupt, Ambach und was weiß ich, gehört uns, das hier ist unser Territorium, um den ganzen See herum.«

Der Ausdruck »Kno-Boy«, der auf Knoblauchfresser anspielen

sollte, hatte auf Öners Gesicht ein nervöses Zucken hervorgerufen. Er preßte die Zähne aufeinander, während Ahmet seine Lederjacke auf den Fußboden schleuderte – was Aufforderung zum Kampf bedeutete – und auf Nicky losrannte. Dann zog er sich aber langsam zurück, als Rolf, der dicht neben Nicky stand, schrie:

»Bleib cool, Junge.«

»Cool«, grinste Nicky und spuckte auf den Boden, »okay, Jungs? Cool. Wir wollen hier keine Schlägerei anfangen, okay? Ich dachte, wir wollen hier so etwas wie 'nen Kriegsrat abhalten. Auf faire Weise, okay? Hebt euer Temperament für unseren richtigen Kampf auf, kapiert?«

Brausendes Dröhnen, Unruhe und elektrische Spannung in der gewitterhaften, unerklärlichen Musik, zitternde Erwartung, Frösteln.

»Cool«, murmelten alle in einem summenden Chor und schnalzten tänzelnd mit den Fingern. Wie eine Beruhigungstherapie, während der gegenseitige Haß ihre Herzen bis zum Zerspringen füllte.

Nicky drehte sich auf den Absätzen der Stiefel zu Gökhan: »Wir akzeptieren euch, wenn ihr uns besiegt.«

»Wobei?« fuhr Öner ihn heftig an.

Gerd durchbohrte Öner mit einem finsteren Blick: »Meinetwegen im Zweikampf. Wir wählen jeweils einen Kämpfer aus unserer und eurer Gruppe. Dann kämpfen die beiden mit –«

»Fahrradketten«, fiel ihm Ahmet in die Rede.

»Abgelehnt«, knurrte Rolf, »zu riskant. Die Bullen haben schon Lunte gerochen. Fahrradketten sind zur Zeit ganz schön in.«

»Bestimmt ihr doch die Waffen«, rief Gökhan, »Taschenmesser, Steine, Fäuste?«

Nicky sah ihn zweifelnd an: »Zweikampf ist keine gute Idee.«

Eisiges Schweigen folgte seinen Worten, ein abgrundtiefes Schweigen. Gökhan schaute Nicky mit sehr ernstem Blick an, als wollte er sein Inneres durchschauen.

»Rennen«, fuhr es dann aus ihm heraus.

Der Wind rüttelte an den Fensterscheiben, als ob er sie zerbrechen wollte.

»Keine schlechte Idee«, bemerkte Rolf, »eine Rennfahrt auf der Autobahn. Bis München und zurück.«

»Super«, schrie Gerd, »gleich heute nacht.«

»Ist doch crazy«, unterbrach ihn Nicky, »bei dem Sauwetter.«

»Warum nicht?«

Das war Öner. Schmerzblitze schlugen in ihn ein, die unruhige Erwartung zog ihm das Herz zusammen.

»Irgendwann muß doch Schluß sein«, fuhr Öner fort.

»Klar«, war Gökhans Antwort, dessen Blut in den Schläfen pochte, »das habt ihr so gewollt. Meinetwegen gleich heute nacht.«

Alle atmeten erleichtert auf, während sich ein schwaches Grinsen über die Gesichter breitete. Dann nahmen sie ihn plötzlich wahr, den Bewährungshelfer und Sozialarbeiter Klaus-Dieter Wörishofer, der vor der Musikbox stand und mit einem prüfenden Blick die Jugendlichen anstarrte.

»Was habt ihr vor, Jungs? Ihr führt doch etwas Übles im Schilde.«

»Ach was«, lachten sie im Chor.

Gerd und Ahmet pfiffen verlegen, Rolf spannte die Wangenmuskeln zu einem Lächeln. Auch Öner zwang sich ein harmloses Grinsen ins Gesicht. Nicky ließ geringschätzig seinen Blick durch den Raum schweifen, dann schlang er den Arm um Gökhans Schultern und sagte:

»Ach nichts, Herr Sozius, gerade über unser Fußballspiel am Samstag ›Possenhofer Löwen‹ gegen ›Starnberger Türkenstärke‹ ein bißchen geratscht. Nicht wahr, Jungs?«

»So war es«, bestätigten die anderen.

Obwohl die Spannung sie noch wie ein glühender Strahl durchzuckte, hatte sich die donnernde Musik in beinahe leise Töne verwandelt, die durch den hallenden Raum zogen.

»Warum müßt ihr so leben, als ob es Krieg gäbe«, schrie Klaus-Dieter Wörishofer verzweifelt, »ihr könnt mir nichts weismachen. Sagt wenigstens, wo und wann die Schlägerei stattfindet.«

»Es gibt doch keine Schlägerei, ich schwöre, Herr Sozius.« Das war Rolf. Und die anderen bestätigten ihn: »Wir fahren bloß zusammen nach München, amüsieren uns dort ein bißchen und fahren dann zusammen zurück.«

»Ach was«, winkte Klaus-Dieter Wörishofer ab. »Ich glaube euch kein Wort.« Ihm lief der Schweiß herunter. Draußen stürmte das Unwetter.

»Ihr macht nicht nur euch das Leben schwer«, schrie er wieder, »sondern mir auch, verdammt nochmal. Wenn ihr euch nicht helfen lassen wollt, wie soll ich euch dann helfen?«

In der Eisdiele war es plötzlich ganz dunkel geworden. Nun dirigierte nur noch der Regen die Gewittersymphonie.

Starnberg, 19 Uhr

»Das gibt's doch nicht«, rief Öner. Er hätte vor Staunen beinahe sein Teeglas fallen lassen.

Nach dem Kriegsrat in Possenhofen saßen sie nun in einer türkischen Kneipe am Starnbergersee, genossen den Regen draußen und die gemütliche Atmosphäre drinnen. Sie sangen leise die Melodie aus der Musikbox mit (Gel gel, gümüle, gel ... Hançer yarasi degil, domdom kursunu degdi), ohne den Text richtig zu kennen. Sie überlegten, woher sie ein Auto nehmen sollten, das Auto für die Rennfahrt gegen die Possenhofener. Da hatte Öner zuerst die beiden gesehen, Tamer und das Punkmädchen, und hatte laut geschrien: »Wo hat er denn die geangelt? 'Ne dufte Biene.«

»Das ist doch gar nicht Tamers Art«, bemerkte Gökhan nachdenklich, »außerdem ist sie bestimmt nicht unser Jahrgang. Ein paar Jährchen älter als wir dürfte sie schon sein. Immerhin, Respekt, Respekt, ein steiler Zahn.«

»Die schaut – die schaut«, stammelte Ahmet, »etwas anders als die anderen Mädchen, sie schaut so – traurig aus, würde ich sagen, so verdammt traurig.«

»Melek«, stellte Tamer das Mädchen einfach seinen Freunden vor, »eine Landsmännin auf der Durchreise.«

»Daß ich nicht lache. Ein türkisches Punkmädchen.« Das war Gökhan.

»Na und?« Ihre Stimme klang wie aus undenklichen Fernen. »Habt ihr eine Bleibe für mich oder nicht? Ich bin pleite.«

»Eine Bleibe ...«, überlegte Gökhan.

Öner, der seine Blicke nicht von dem Punkmädchen losreißen konnte, verschränkte die Arme im Nacken und dachte einige Sekunden nach, dann sagte er pötzlich mit einem hellen Glanz in den Augen:

»Klar haben wir eine Bleibe für dich, im Dachgeschoß, in der Mansarde da oben im Hochhaus. Die Wohnung meines Freundes Semih, der ist für ein paar Wochen in der Türkei und hat den

Schlüssel bei mir hinterlassen, damit ich seine Blumen gieße. Er hätte sicher nichts dagegen, wenn du ein paar Tage in seiner Wohnung pennst.«

»Da oben meinst du?« flüsterte Melek träumerisch, »dann bin ich Gott so nah. Ich – ich weiß es. Diese Sehnsucht in mir. Der Tod...«

Fragend blickten sich die Jugendlichen an.

»A geh«, lachte zuerst Ahmet schallend auf, ihm folgten die anderen außer Tamer. Sie bogen sich vor Lachen, Öner hatte sich am Stuhl festgehalten, um nicht umzukippen. Nachdem er sich einigermaßen beruhigt hatte, sagte er zu Gökhan:

»Ich habe für die dufte Biene die Bleibe besorgt. Nun mußt du für die Rennfahrt das Auto besorgen.«

»Eine Rennfahrt? Das hört sich doll an.« Das war Melek, die aufgeregt fortfuhr. »Ich mache mit, Jungs.«

»Das ist 'ne harte Sache«, warf Ahmet ein, »nix für Mädchen, weißt!«

»Ach was«, winkte sie ab, »ich hab viel härtere Sachen mitgemacht. Laßt mich doch mitfahren«, bat sie dann mit einer Stimme, die jeden Widerstand unmöglich machte. Sie sah Ahmet erwartungsvoll entgegen, mit einem wehmütigen Blick, und Ahmet war, als schlüge ein Blitz durch sein Inneres.

»Meinetwegen«, murmelte er und drehte seinen Kopf zur Seite, um sich von dem mächtigen Zauber ihrer Augen zu befreien.

»Na prima«, rief sie, »wann steigt denn die Fete?«

»Heute nacht«, antworteten die Jungen im Chor.

»Heut nacht«, wiederholte sie flüsternd: »Heut nacht ist das Ende der grausamen Mächte, es ist des Schicksals Wende, die schönste aller Nächte.«

»Da schau her«, lachte Gökhan, »du bist also auch ein Dichter wie mein Bruder.«

Tamer, der die ganze Zeit geschwiegen hatte, hatte ein komisches Gefühl im Magen. Die ganze Geschichte mit der Rennfahrt und dem Punkmädchen schmeckte ihm irgendwie nicht. Dennoch dachte er, daß er so gerne mitfahren würde, trotz seiner Angst. Andererseits aber war er davon überzeugt, daß sein Vater ihm nicht, niemals erlauben würde, bei dem Wetter und um die späte Zeit nach München zu fahren.

Melek saß ruhig an dem Tisch, nahm ab und zu einen Schluck von dem heißen, duftenden türkischen Tee, den ihr die Jungen bestellt hatten, und stierte durch die Fenster, hinter denen das Unwetter tobte. Es knatterte und pfiff schauerlich durch die Fenster der Kneipe. Riesengroß schritten die Schatten in der beginnenden Dämmerung, und sie spielten mit Meleks Gesicht, so daß sie ihr Punkmädchen-Aussehen allmählich verlor und in der Musik dahinschmolz, die aus der Musikbox drang: Hançer yarasi degil...

Wie ein anatolisches Mädchen an einem Hirtenbrunnen in der öden Landschaft, dachte Tamer.

Starnberg, Waldstraße, 20 Uhr

»Der Bayerische Rundfunk bringt eine Zusammenfassung der letzten Meldungen.«

Während Fuat Solmaz das Radio andrehte, beobachtete er aus den Augenwinkeln Gökhan, seinen jüngeren Sohn, der am Eßtisch saß und seinen Apfel schälte. Die gespannten Gesichtsmuskeln von Herrn Solmaz lösten sich allmählich in einem flüchtigen, ruhigen Lächeln. Er war nicht mit dem Segelboot unterwegs, ihm ist nichts passiert. Er ist jetzt hier, zuhause, dachte Fuat Solmaz, wohlbehütet im Schoß der Familie. Das gleiche dachte auch Frau Solmaz, die stumm den Tisch abdeckte.

Gökhan stand auf und schlich auf leisen Sohlen in das Zimmer seines großen Bruders.

»Lernst du für die Klausur, Bruderherz?«

»Nein, nicht ganz, das heißt noch nicht. Ich hatte ein paar Strophen im Kopf, die möchte ich nun schnell abtippen. Es ist ein Nachtgedicht, weißt du?«

Unwillkürlich dachte Gökhan an Meleks Nachtgedicht, das das Punkmädchen heute in der Kneipe vor sich hingemurmelt hatte: Es ist des Schicksals Wende, die schönste aller Nächte.

»Erhan«, fing er energisch an, »ich will dich um etwas bitten.«

Der wütende Sturm heulte ums Haus, jagte auf Gespensterpferden an den Fenstern vorbei, der Regen klatschte gegen die Scheiben.

»Nach München?« rief Erhan verdutzt, »bei dem Wetter, um die Zeit?«

»Laß mich bitte nicht im Stich«, flehte Gökhan ihn an, »und München ist ja ein Katzensprung, nur 24 Kilometer, Mann.«

Erhan trug einen weißen Pullover, der ihm, seinem weichen Gesichtsausdruck, gut stand. Seine zarten Finger lagen noch auf den Tasten der Schreibmaschine. Er hatte auch blaue Augen wie Gökhan, die aber nicht voller Haß funkelten, sondern sanft und träumerisch waren, auch voller Schwermut wie die des Punkmädchens.

»Vater gibt mir die Autoschlüssel bestimmt nicht, aber wenn du dabei bist, kriegen wir ihn schon weich«, drang Gökhan weiter in seinen Bruder, »tu mir den Gefallen, großer Bruder. Meine Ehre steht auf dem Spiel.«

»Wie stellst du dir das vor?« fragte ihn Erhan nachdenklich, »ohne mich, nein, bitte laß mich aus diesem häßlichen Spiel heraus. Ich verstehe euch wirklich nicht. Warum dieser Haß, dieser unsinnige Kampf?«

»Nun redest du aber wirklich wie der Sozius Wöri-Bubi. So schulmeisterlich. Beeil dich, wir starten in einer halben Stunde vom Bahnhofsplatz. Ich baue auf dich, großer Bruder. Bist du mein großer Bruder oder nicht? So wie ich dich kenne, nein, du kannst mich nicht im Stich lassen.«

Starnberg, Theresienstraße, 20.10 Uhr

»Was?« brummte Halit Aklan, Tamers Vater, und sah Tamer aus finsteren, scharfen Augen an, »du bleibst mir hier, du verläßt die Wohnung nicht, verstanden? Jetzt geh auf dein Zimmer. Marsch, Marsch.« Tamer schlug die Augen zu Boden. Seine Mutter, die zwischen dem Wohnzimmer und der Küche hin und her ging, während sie den Tisch abdeckte, hatte auch nicht seine Partei ergriffen. Sie schien die Meinung ihres Mannes zu teilen: Es wird nicht mehr ausgegangen. »Hör mal«, begann Herr Aklan, »jetzt gehe ich zur Spätschicht. Wenn ich heimkomme und dich nicht in deinem Zimmer finde, dann schlage ich dich windelweich.«

»Ich bin doch kein Kind mehr«, protestierte Tamer kleinlaut, »ich hätte auch lügen können. Ich hätte sagen können, daß ich in die türkische Kneipe um die Ecke gehe. Ich habe euch die Wahrheit gesagt, nun müßt ihr mir auch entgegenkommen. Laßt mich nach München fahren. Laßt mich mitfahren. Ich will meine Freunde nicht im Stich lassen.«

»Wir sind stolz auf dich, daß du nicht gelogen hast«, fiel ihm sein Vater ins Wort, »und weil wir dich so lieben, erlauben wir dir nicht mitzufahren.«

»Man hat dich mit einem Mädchen gesehen«, warf seine Mutter ein, die die ganze Zeit geschwiegen hatte, »mit einer Hure in Papageienfarben. Seit wann gehst du mit deutschen Mädchen?«

»Sie ist eine Landsmännin«, schluchzte Tamer, »sie ist – sie ist – ein Engel.«

Und der tobende Sturm draußen wühlte den See auf, während ein greller Blitz den Nachthimmel zerriß.

Starnberg, Bahnhofsplatz, 20.30 Uhr

»Die schönste aller Nächte«, flüsterte sie, »ich liebe den Sturm und die Blitze. Dadurch fühle ich Gott stärker.«

Da die Nacht nur noch aus Schatten bestand und die Schatten gerne ihre Verwandlungsspiele mit ihr trieben, sah Erhan vor sich nur das anatolische Hirtenmädchen, in dessen Augen die Schwermut sanft schimmerte.

»Komisch«, murmelte er, »diesen Vers gibt es in meinem Gedicht auch.«

Noch ein Blitz flammte auf, grellblau zuckte er und durchlöcherte die naßkalte Nacht. In dieser kurzen Helligkeit, die einen Bruchteil einer Sekunde dauerte, trafen sich ihre Blicke, und es wurde ihnen warm ums Herz.

Sie spürten die Welt in Tränen und Tönen versinken und glitten leise, von Magie gezogen, in eine Bläue hinein und hinab, wo jeder Traum zur Erfüllung und jede Ahnung zur Wahrheit werden mußte.

»Auf die Plätze, fertig, los«, kommandierte Nicky mit einem häßlichen Grinsen, und Rolf, der sich wie eine gereizte Schlange wand, fügte zischend hinzu: »Cool und fair, okay?«

Dem Blitz folgte unmittelbar der Donner, der anhaltend krachte. Der Regen trommelte auf die Autodächer, prasselte auf das Pflaster des Bahnhofsvorplatzes. Dann kam wieder die unerklärliche Musik von irgendwoher, in der die elektrisch aufgeladene Luft toste wie eine Explosion.

»Laß mich doch fahren«, sagte Gökhan zu seinem Bruder. Im

fahlen Licht der Laternen glänzte sein weißes Gesicht wie Marmor.

»Du hast den Führerschein erst seit zwei Monaten«, wollte Erhan protestieren, aber Ahmet fiel ihm gleich ins Wort:

»Dafür aber mehr Fahrerfahrung. Außerdem möchten wir nicht, daß du fährst, Erhan. Du würdest auf den Verkehr zu viel Rücksicht nehmen, wie wir dich kennen. Aber diese Aktion hier duldet so was nicht, mein Lieber. Es ist ein Kampf. Auge um Auge, Zahn um Zahn.«

»Ich will nicht kämpfen«, schrie Erhan verzweifelt, »ich bin nur mitgekommen, um euch zu versöhnen.«

»Versöhnung«, lachte Gerd höhnisch. »Steigt endlich in euren Karren ein und fahrt los. Wir wollen schließlich nicht die ganze Nacht hier herumstehen.«

»Gibt es keine andere Lösung als diese blöde Fahrerei?« flüsterte Erhan aus trockener Kehle.

»Hast du kalte Füße gekriegt?« Das war Rolf mit nervös zuckenden Wangenmuskeln. »Das hier ist kein Kinderspiel. Wenn du nicht mitmachen willst, kannst du immer noch aussteigen.«

Nicky spuckte dauernd durch eine Zahnlücke auf das Pflaster. Der Regen troff aus seinem Haar. Immer noch zuckten Rolfs Gesichtsmuskeln. Gerd spuckte sein Kaugummi auf den Gehsteig: »Wird's bald?«

»Ach, komm, Erhan«, warf Melek ein, das anatolische Hirtenmädchen im Schatten der Nacht, »fahren wir endlich los und zeigen diesen Kerls, wer wir sind.«

»So ist es«, riefen Gökhan, Ahmet und Öner begeistert.

»Na endlich«, brummte Nicky, der mit der Hand durch seine nassen Haare fuhr. »Wir starten vom Bahnhofsplatz. Der Treffpunkt ist in München die Moonshine-Disco in Schwabing. Um Mitternacht ist die zweite Runde. Die Rückfahrt nach Starnberg. Kapiert?«

Gleichzeitig drehten sich die Zündschlüssel im blauen Ford Taunus von Herrn Solmaz und im graugrünen VW von Gerd Wagner, und schon schossen die beiden Autos wie Raketen davon, rechts um die Ecke, auf das blaue Autobahnschild zu: München, Garmisch. Sie rasten über den Kirchplatz, an der Kreissparkasse vorbei und bremsten gleichzeitig mit starkem Quietschen bei der roten Ampel an der ersten Kreuzung. Die zwei Querstraßen, Ludwigstraße und Josef-Jägerhuber-Straße, durchrasten sie wie die

Irren und mischten sich in den Strom auf der Autobahn, der aus glimmenden Rücklichtern bestand.

Es war ein Kopf-an-Kopf-Rennen, das dem Punkmädchen großen Spaß machte.

»Super«, rief sie und klatschte in die Hände. Sie saß auf dem Rücksitz zwischen Erhan und Ahmet, näher an Erhan, und fühlte eine unbeschreibliche Freude wegen dieser Nähe. Sie sah ihn verstohlen von der Seite an, warme Gefühle dehnten ihre Brust. Auch Erhan schoß das Blut warm durch seine Adern, und wenn sich ihre Arme während der rasenden Fahrt zufällig berührten, ritt er auf hohen Wogen eines bodenlosen Meeres.

Gökhan saß am Steuer und versuchte, mit seinen blitzenden Augen die Dunkelheit zu durchdringen. Neben ihm saß Öner, der dem Punkmädchen Erklärungen gab: »Die Strecke zwischen Starnberg und München ist die schönste Strecke auf dieser Autobahn. Erstens ist sie kurz, zweitens ist die Landschaft sehr schön, von der du aber jetzt leider nicht viel siehst.«

Die Wälder, die die Autobahn durchschnitt, standen wie eine schwarze Mauer zu beiden Seiten. Die Schilder zogen vorbei wie die gierig hastende Bilderfolge eines überschnell gespulten Films:

Radio BR 99,8 – Reisen, nicht Rasen – rechts fahren. – Und der krachende Donner.

Heute nacht ...

Und die unerklärliche Musik aus weiten Fernen.

»Paß auf, Mensch, die überholen uns.«

»Keine Sorge«, knurrte Gökhan, über das Lenkrad gebeugt. Blitze schlugen aus seinen Augen, die voller Groll und Zorn waren. Denen werden wir's zeigen.

Und der Donner, bedrückend und erstickend wie die Finsternis. Super.

Heute nacht ...

Radio BR 99,8 – München, Fürstenried 500 Meter – Ausfahrt.

Schneller, schneller, Junge.

München-Kreuzhof 1200 Meter – Radio BR 99,8 – Ausfahrt.

Dann das gelbe Schild: Landeshauptstadt München, mit dem Kindl im schwarzen Umhang.

»Geschafft«, rief Öner erleichtert. Die Zigarette, die er bis an die Kippe geraucht hatte, verbrannte ihm den Finger, was er aber vor Aufregung nicht einmal wahrnahm.

»Sei nicht voreilig«, brummte Ahmet von hinten, »vergiß den Mittleren Ring nicht. Bis wir in Schwabing sind ...«

München, Schwabing, 21.30 Uhr

Gleichzeitig bogen der blaue Ford Taunus und der graugrüne VW in die Feilitzsch-Straße ein und verkeilten sich am Wedekindbrunnen, wo sie auch nebeneinander parkten.

»Respekt, Respekt«, meinte Nicky und legte seinen Arm um Gökhans Schulter. Das war jetzt keine Schau für den Sozialarbeiter Wörishofer, sondern eine ehrliche, freundschaftliche Geste. Ein Fremder hätte meinen können, sie wären gute Freunde, als die beiden Gruppen in die Discothek Moonshine gingen, zusammen, laut lachend. Nickys Arm lag immer noch auf Gökhans Schultern. Sie setzten sich auch an denselben Tisch und tranken zusammen.

»Was macht ihr denn so?« fragte sogar Rolf.

»Fachoberschule«, antworteten Gökhan, Ahmet und Öner, »Betriebswirtschaftslehre«, sagte Erhan leise, und das Punkmädchen erzählte, sie wäre auf der Durchreise. Nicky und die anderen wollten ihr nicht glauben, daß sie eine Landsmännin von Gökhan und seinen Leuten war.

»Eine Türkin ohne Kopftuch«, brach Rolf in ein heftiges Lachen aus, »noch dazu ein Punkmädchen.« Auch Nicky und Gerd kugelten sich vor Lachen, beherrschten sich aber gleich, als sie Erhans Stimme hörten, die nicht haßerfüllt, sondern weich, aber doch autoritär war: »Laßt das Mädchen in Ruhe, ja?« Dann sagte er: »Irgendwann muß Schluß sein, Jungs. Ihr sollt nicht so viel trinken. Schließlich wollen wir ja zurückfahren.«

Schulmeisterlich wie der Sozius Wöri-Bubi. Man kann nichts machen. Wieder Gelächter. Diesmal lachten Gökhan und Öner mit.

In der verrauchten zuckenden Beleuchtung mit den wechselnden Farben stöhnte eine farbige Sängerin: Feeling...

»Ihr seid okay, Jungs«, murmelte Nicky. »Scheiße«, rief er dann, »ich werde fast romantisch. Also, laßt uns aufbrechen und zurückfahren.«

Erhan sagte zu Gökhan, er sollte ihn jetzt fahren lassen, weil er zu viel getrunken hätte, aber er konnte Gökhan nicht überreden, der eilig herumkommandierte:

»Die gleiche Sitzordnung wie bei der Hinfahrt, gell? Und ich bin wieder der Kapitän.«

Autobahn München-Starnberg, 23 Uhr

Sobald das Neonlichtermeer der Stadt durchquert war, wand sich die Autobahn wieder wie eine Schlange, die kürzeste und schönste Strecke, rechts und links braune Wälder wie stumme Riesenschatten in der Finsternis. Der glatte Asphalt, der vom Regen gepeitscht wurde, krümmte sich endlos in der Dunkelheit.

Rechts fahren – Radio BR 99,8 – Raststätte – Reisen, nicht Rasen – Ha, ha, Rasen macht mehr Spaß.

Paß auf, die überholen uns!

Keine Sorge, Mann! Blaue Schilder mit Pfeilen leuchteten wie Phosphor:

Percha

Berg

Seeshaupt

Ausfahrt

Die nassen Lichter von Starnberg da vorne, man hörte fast das unruhige Klatschen des Sees.

»Paß auf, Junge!«

»Es geht nicht«, schrie Gökhan, »ich hab die Kontrolle verloren, die Räder rutschen, die Bremse funktioniert nicht, ich sehe nichts, der Regen – wir gleiten rückwärts, in den Wald – der Wald – ist so dunkel.«

Nach hinten glitt der blaue Ford Taunus, das Krachen kam einen Sekundenblitz später. Und in diesem Krachen löste sich die Welt in goldenen, zart tönenden Sternen auf. Dann verstummte die unerklärliche Musik. Endgültig.

Die nasse Wärme, die aus seiner Nase quoll, brachte Gökhan langsam zur Realität zurück, Gökhan, der über das Lenkrad gebeugt, in einer roten, lauwarmen Flüssigkeit badete. Vorsichtig tastete er mit seiner knolligen Zunge, in der er fast kein Gefühl mehr hatte, die Zähne ab, an deren Stelle nun schmerzende Löcher waren. Es war ein bittersalziger Geschmack in seinem Mund. Ja, der Schmerz, den er erst einige Sekunden später wahrnahm, drang mächtig in ihn.

Er versuchte, sich umzudrehen und zu schreien, aber sein Körper und seine Zunge waren wie gelähmt.

»Halt doch mal an«, rief Nicky Gerd zu, »es ist etwas passiert. Mit denen stimmt etwas nicht.«

Dann kam das Krachen, das am Nachthimmel explodierte.

»Anhalten?« knurrte Gerd am Steuer, »ich will nicht die Bullen am Hals haben. Die Jungs sollen doch selber weitersehen, wie sie sich helfen.«

»Mach mal einen Punkt.« Das war Rolf. «Die sind doch auch Menschen wie du und ich. Es ist etwas passiert, und wir sollten ihnen helfen. Wir müssen die Polizei und den Notdienst rufen. Da vorne ist eine Notrufsäule. Anhalten sollst du, anhalten, verdammt noch mal.« Der kalte Schweiß stand Rolf auf der Stirn, den er mit dem Ärmel abzuwischen versuchte.

Während Gerd zur Notrufsäule eilte, rannten Nicky und Rolf zum blauen Ford Taunus, der an einen riesigen Baum abseits der Autobahn geprallt war, völlig zerquetscht, röchelnd und dampfend. Durch die Finsternis und die Regenschleier wateten sie wie durch einen grauenvollen Sumpf. Das schwache Licht von Nickys Taschenlampe bewegte sich eilig in alle Richtungen.

»Hej, Jungs, Gökhan, Öner...«

Possenhofen, 0.15 Uhr

Das Telefon klingelte schrill und anhaltend weiter. Ist das schon der Wecker? Es ist aber noch Nacht, noch so finster und kalt. Es kann also nicht der Wecker sein.

Erst einige Sekunden später nahm Klaus-Dieter Wörishofer das summende Telefon im tiefen Schlaf wahr und griff nach dem Hörer, aus dem eine harte und kalte Stimme drang:

»Hier ist die Polizeiinspektion Bezirk Starnberg. Heute nacht ist ein Unfall passiert. Auf der Autobahn München-Starnberg. Kurz vor der Ausfahrt Percha-Berg-Seeshaupt. An diesem Unfall sind einige Jugendliche beteiligt, die sie betreuen. Würden Sie bitte sofort zur Identifizierung zum Polizeirevier Starnberg kommen?«

»Tamer, Tamer«, schrie Herr Aklan, der von der Spätschicht nach Hause kam. Er schlug mit den Fäusten gegen seine Wohnungstür und schrie durchdringend aus Leibeskräften: »Tamer.«

Seine Frau, die ihm die Tür öffnete, starrte ihn fassungslos an.

»Ist Tamer zuhause?« schrie er weiter und zitterte am ganzen Körper.

»Aber natürlich«, entgegnete sie verdutzt, »er schläft in seinem Zimmer. Sag mir endlich, was passiert ist.«

»Erhan ist tot. Der gute, anständige, brave Junge Erhan ist tot. Es ist ein schrecklicher Unfall passiert. Auf der Autobahn, kurz vor Starnberg. Ich habe alles gesehen. Die heulenden, blauen Sirenenlichter und die Männer vom Notdienst, wie sie Erhan weggetragen haben. Das Auto – das Auto«, schluchzte er, das Gesicht hatte er in den Händen vergraben, »brannte lichterloh.«

»Mein Gott, Erhan ist tot«, wiederholte Frau Aklan kreidebleich und stürzte in Tamers Zimmer, um sich davon zu überzeugen, daß er doch nicht mitgefahren war. Als sie ihn in seinem Bett schlafen sah, ließ sie sich auf einem Stuhl nieder und brach in Tränen aus. Salzig-bittere, heiße Tropfen verbrannten ihr die Wangen. Sie weinte um Erhan und zugleich vor Dankbarkeit, daß Gott ihr ihren Sohn nicht weggenommen hatte.

»Es ist nicht deine Schuld«, flüsterte die Lehrerin aus einem trokkenen Hals, den das Weinen zudrückte, »beruhige dich, Tamer, du konntest doch nichts dafür.« Die Zeitung in ihrer Hand fiel auf den Tisch.

In der vergangenen Nacht ereignete sich ein schrecklicher Unfall auf der Autobahn München-Starnberg, dessen Ursachen bis jetzt nicht ganz geklärt sind. Ein blauer Ford Taunus mit dem Kennzeichen STA–OM 3245 geriet auf der nassen Autobahn kurz vor der Ausfahrt Percha-Berg-Seeshaupt ins Schleudern, glitt nach rückwärts und prallte auf einen Baum abseits der Autobahn. Kurz nach diesem Zusammenstoß brannte der Wagen lichterloh, wobei es aber vorher dem Notdienst und der Feuerwehr vom Bezirk Starnberg gelang, die Insassen aus dem brennenden Auto zu bergen. Es handelt sich ausschließlich um türkische Staatsbürger. Die Schwerverletzten, Gökhan S. und Ahmet K., wurden sofort in das Bezirkskrankenhaus Starnberg transportiert. Während Öner M., der sich im selben Auto befand, unverletzt ist, aber einen schweren Schock erlitten hat, kamen zwei junge Menschen ums Leben. Der eine Tote konnte als Erhan S. identifiziert werden. Die Identität des Mädchens, das als Anhalterin von Nordrhein-Westfalen nach Bayern gereist sein soll und vorhatte, in die Türkei weiterzufahren, konnte noch nicht festgestellt werden. Sachdienliche Hinweise werden von jeder Polizeidienststelle entgegengenommen...

Ein Himmel voller Luftballons

1

Eine Zeitlang betrachtete Sevil ihre Hände, die rötlich und groß waren. Hände zum Kochen, Putzen, Waschen und Bügeln. Ich bin das Dienstmädchen meiner Familie, dachte Sevil, als sie das Küchenmesser in die Hand nahm, um Kartoffeln zu schälen. Und dabei machen mir meine Eltern den Vorwurf, ich sei faul, ich helfe meiner Mutter so wenig, die den ganzen Tag in der Fabrik schuftet.

Sevil war allein, sprach aber laut, weil sie sich vorstellte, sie hätte einen Gesprächspartner in der Wohnküche. Sie war oft allein, fast den ganzen Tag. Die Eltern gingen zur Arbeit, der größere Bruder zur Lehrstelle und die jüngere Schwester zum Koranunterricht. Sevil ging nicht mehr zur Schule. Eigentlich wollte sie aufs Gymnasium, aber ihre Eltern hatten ihr das nicht erlaubt.

»Warum soll ein Mädchen gebildet sein«, hatte ihr Vater gesagt, »ein Mädchen muß Hausarbeit lernen und möglichst früh heiraten.«

Heiraten... Sevil grauste es bei den Gedanken. Dabei war der Ehepartner für sie bereits gefunden. Ein gewisser Kamil, Sohn eines Arbeitskollegen von Sevils Vater. Ein junger Gastarbeiter, der unbefristete Aufenthalts- und Arbeitserlaubnis hatte.

»Ein Geschenk des Himmels«, so bezeichnete Sevils Mutter den künftigen Schwiegersohn, »sei froh, Kind, deine Zukunft ist gesichert.« Und Sevils Vater lobte Kamil bei jeder Gelegenheit: »Ein tüchtiger Bursche. Anständig ist er auch. Er raucht nicht, er trinkt nicht. Er spart nur für die Zukunft.«

Sevil aber haßte den Begriff Zukunft immer mehr.

Ich bin erst 17. Und diesen Kamil kenne ich kaum. Ein paarmal war er bei uns. Mit seinen Eltern natürlich. Das erste Mal, als seine Eltern um meine Hand angehalten haben. Mit dem Befehl Gottes

und den Worten des Propheten. Danach mußte ich ihnen türki-
schen Kaffee kochen, so wie es bei uns Sitte ist. »Bei uns?« Wer sind
eigentlich »wir«? Mir erzählen die Eltern, wie es bei uns, d.h. in
der Türkei, ist oder sein soll. Und ich richte mich danach. Aber
wie es wirklich dort ist, weiß ich nicht. Aber ich weiß auch nicht
genau, wie alles hier ist. Ich bin wie eingesperrt, ja, wie eine
Sklavin. Mein ganzes Leben spielt sich in dieser kleinen Wohnung
ab, in diesem alten Haus, das nach Staub und Moder riecht. Wenn
ich aber rebellieren will und sag, daß ich mir wie eine Sklavin
vorkomme, rennt mein Vater auf mich los und schreit mich an.
Ich sei undankbar, heißt es immer, und es sei eine Sünde, undank-
bar zu sein.

Allah würde mich bestrafen.

Ich habe alles satt. Die Hausarbeit, die Heiratspläne, die meine
Eltern für mich schmieden, Kamils Besuche und das Leben über-
haupt. Als ich noch zur Schule ging, war das Leben irgendwie
schöner. Obwohl ich wenig Kontakte zu meinen Mitschülern hatte.
Wenig Kontakt, weil die Eltern es so wollten. Sie hatten Angst
davor, daß ich deutsche Freundinnen haben und mich an ihre
Lebensweise anpassen würde. Ich war aber nie eine richtige Au-
ßenseiterin. Das Lernen machte mir Spaß. Ich war eine fleißige
Schülerin, und Frau Keller, unsere Klassenlehrerin, war echt
traurig, daß ich das Gymnasium nicht besuchen durfte, trotz
meines guten Notendurchschnitts. Ich beneide die deutschen
Mädchen um ihre Freiheit, obwohl ich auch nicht so frei sein
wollte wie sie. Mit so viel Freiheit könnte ich nichts anfangen. Es
gibt ja Schranken der Erziehung. Ich will nur ein bißchen freier
sein. Zum Beispiel mich mit meinen Freundinnen treffen dürfen,
ins Café oder ins Kino gehen und etwas ratschen. Und nicht so
früh heiraten. Oder am liebsten gar nicht heiraten. Nein, am lieb-
sten jemanden heiraten, der mir gefällt, der mich kennt, versteht
und liebt...

Sevil stellte den Kochtopf auf den Herd und schaltete das Radio
ein. Sie versäumte keine Hitparade in Bayern III. Draußen wurde
es allmählich dunkel. In den Wohnungen der gegenüberstehenden Häuser gingen Lichter an. Es war ein kalter Abend. Die Küche
hatte ein kleines Fenster, das sich auf einen Hinterhof öffnete. Es
war eine leere Fläche, von alten Häusern umgeben. Tagsüber spiel-

ten dort türkische Kinder zwischen den Mülltonnen. Durch das Fenster sah Sevil ein Stück Himmelsblau, als sie die zarte Stimme der jungen Sängerin im Radio hörte: »Hast du etwas Zeit für mich...« Sevil lehnte sich an das Fenster und schloß die Augen. Das war ihr Lieblingslied. Einmal hatte sie die junge Sängerin im Fernsehen gesehen. »Wäre ich so hübsch wie sie«, dachte Sevil, als sie den Kopfsalat im Waschbecken wusch. Murmelnd sang sie mit. Sie verstand den Text gut. Sie wußte, daß es in ihrem Lieblingslied um Liebe, Frieden, Jugend und Freiheit ging. Nur für einige Minuten war sie in eine andere Welt versetzt. Sie schwebte durch die Wohnküche. Ihre Stirn berührte die fliehenden Märzwolken hinter dem Fenster, die im Abendhimmel schwammen. Durch die grüne Fensterscheibe sah alles in der Dämmerung wie versunken aus, der einsame Hinterhof, die Mülltonnen, die grauen Fassaden der alten Häuser.

Sevil drehte sich in der Wohnküche, tanzte mit halbgeschlossenen Augen und sang nun lauter mit: Laß sie fliegen... ihren Weg zum Horizont.

»Mein Gott, mein Gott! Wir haben eine Schlange am Busen genährt!« Sevil hatte nicht gemerkt, daß ihre Mutter gekommen war, erschöpft und aggressiv wie immer, wenn sie von der Arbeit nach Hause kam.

»Wieso?« stotterte Sevil und ließ das Küchenmesser fallen.

»Du singst und tanzt wie die deutschen Weiber im Fernsehen. Es gehört sich nicht für ein türkisches Mädchen, das bald heiraten wird. Wenn Kamil dich so sehen würde, würde er dich verstoßen, bevor er dich geehelicht hat. Schande über unsere Familie!«

Sevils Mutter hatte sich auf einem Küchenstuhl niedergelassen, die Schuhe ausgezogen und die geschwollenen Füße ausgestreckt. Sie hatte ihr Gesicht mit den Händen bedeckt und weinte laut.

»Und dein Vater? Wenn er dich gesehen hätte... Wir schuften den ganzen Tag wie die Pferde, und du? Du hockst zu Hause und singst und tanzt!«

»Das Essen ist aber fertig«, versuchte Sevil sich zu verteidigen. »Halt den Mund!« schrie ihre Mutter, sprang auf und schaltete das Radio aus.

2

Es war ziemlich kalt. Sinan schlug den Kragen seiner Lederjacke hoch und steckte sich eine Zigarette an.

»Es war heute wieder so anstrengend in der Lehrstelle«, bemerkte Irfan, als er Sinan Feuer gab.

»Sei froh, daß wir sie haben«, entgegneten Murat und Ergün, und Sinan nickte mit dem Kopf. Dann machten sich die vier Jungen auf den Heimweg, laut lachend und miteinander scherzend.

Sie sprachen Deutsch, nein, kein Deutsch. Sie hatten keine einheitliche Sprache. Das war ein Deutsch, das einen starken bayerischen und gleichzeitig türkischen Akzent hatte. Zwischendurch benutzten sie auch türkische Wörter und Satzkonstruktionen.

Ein Auto fuhr vorbei und hielt vor einer Ampel. Ein Lied drang aus dem Auto heraus. Eine sanfte Mädchenstimme sang von Abrüstung, Frieden und Freiheit. Die vier Jungen blickten sich an und lachten. »Ein dufter Schlager, gell?« fragte Sinan seine Freunde, und alle begannen laut mitzusingen, als das Auto rasend weiterfuhr: ... laß sie fliegen... ihren Weg zum Horizont...

Sie hatten sich wie die meisten deutschen Gleichaltrigen angezogen. Sie trugen schwarze Lederjacken und Stiefel. Einige hatten modische Halstücher umgebunden. Dennoch fielen sie auf, aber nicht, weil sie laut sangen. Trotz der mühsamen Anpassung wirkten sie irgendwie fremd. Die Lederjacken und Stiefel wirkten wie geliehene Kleidungsstücke. Am meisten fielen ihre Augen auf, die groß und schwarz waren und immer lächelten.

Einige Passanten blieben stehen, runzelten die Stirn und schüttelten den Kopf.

»Singen jetzt sogar unsere Lieder«, brummte eine alte Frau vor sich hin, obwohl es ein Lied war, das sie nicht kannte.

Aber unbekümmert gingen sie weiter, Arm in Arm, und sangen von einer grenzenlosen Freiheit.

Sie gingen nicht durch die Hauptstraße, sondern bogen in eine kleine Gasse ein, um den Heimweg abzukürzen. Es war ziemlich dunkel, die Läden waren geschlossen, die Gasse ganz leer. Am Himmel traten die ersten Sterne hervor. Weit weg war der Mond in dem tintenfarbenen Himmel, ein unsichtbarer Wind blies durch die Dämmerung.

Eigentlich gefällt mir vieles in Deutschland. Viele Kindheits-
träume haben sich hier erfüllt. Uns geht es besser. Ich fahre ein
Moped, ich kann mich so anziehen, wie es mir gefällt. Ich genieße
die Freiheit. Aber auch diese Freiheit ist beschränkt. Es ist ein
Leben ohne Ruhe. Man gönnt uns nicht das Schwarze unter dem
Nagel. Ich bin immer noch ein Ausländer, obwohl ich hier aufge-
wachsen bin. Ich muß mich aber damit abfinden. Um der Zukunft
willen. Vielleicht bin ich in einigen Jahren kein Ausländer mehr.
Meine Kinder werden's jedenfalls nicht sein. Ich habe eine Lehr-
stelle, um die ich lange kämpfen mußte. Ich werde als Auto-
mechaniker ausgebildet. Ich werde einen guten Beruf haben. Ich
werde kein ungelernter Gastarbeiter sein wie mein Vater, sondern
ein qualifizierter Facharbeiter... Ich werde für die Familie sorgen,
wenn meine Eltern alt sind und nicht mehr arbeiten können.

Dann sahen sie die anderen. Ganz plötzlich. Jungen im selben Alter, ähnlich angezogen wie sie. Sie standen vor ihnen, dicht nebeneinander, und versperrten ihnen den Weg. Sie standen reglos
wie eine Mauer. Und kalt wie eine Mauer. Ihre Gesichter waren
ausdruckslos, aber die Augen funkelten voller Haß. Sinan und
seine Freunde waren verstummt. Sie konnten keinen Ton mehr
herausbringen und blickten sich verzweifelt an.

»Laßt uns durch«, sagte Sinan.

»Meinst du?« grinste Jürgen, der Anführer der kleinen Rocker-
bande, und spuckte auf den Gehsteig.

»Ihr nehmt uns unsere Lehrstellen und Arbeitsplätze weg«,
zischte Günter, der neben Jürgen stand und in seiner Hand eine
dicke Fahrradkette drehte, angriffsbereit.

Plötzlich erinnerte sich Sinan, daß im Text des Liedes auch
andere Begriffe vorkamen wie »Düsenjäger«, »Benzinkanister« und
»Krieg«. Und er hörte ein Krachen in seinem Inneren. Er sah die
Welt in Trümmern liegen. Er spürte den Haß, der fast greifbar war,
die Spannung wie Elektrizität. Er wollte aber keinen Streit anfangen, keine Schlägerei. Andererseits war er zu stolz dazu, Jürgen zu
bitten, ihnen den Weg freizumachen.

»Was nun?« fragten Murat und Ergün und ballten ihre Fäuste.
Irfan hatte sich hinter Sinan versteckt.

Ist doch egal, wer zuerst das Messer zieht. So oder so wird man in eine Schlägerei verwickelt. Die deutschen Jungs haben's aber leichter als wir, denn ihnen droht ja keine Ausweisung.

Nein, ich muß mich beherrschen. Passiert doch nicht das erstemal, daß wir von deutschen Jungs beleidigt oder überfallen werden. Neulich im Freizeitheim oder letztes Jahr beim Frühlingsfest auf der Wiesn. Ich bin damals weggelaufen. Wie ein Feigling. Und die Jungs, Mustafa und seine Gruppe, die sich verteidigen wollten... Was ist aus ihnen geworden? Von Mustafa weiß ich, was die Folgen einer Schlägerei sein können. Gerichtssäle, Einzelhaft wie ein Schwerverbrecher, und dann die Ausweisung. Nein, keine Schlägerei. Mein Vater würde mich umbringen. Kaltes Blut bewahren und abwarten. Vielleicht findet sich eine friedliche Lösung. Hätten wir doch die Hauptstraße genommen, wäre das alles nicht passiert. Nur ein bißchen Geduld. Ich muß die Nerven behalten. Vielleicht findet sich eine friedliche Lösung, und wir können weitergehen, ohne uns mit Jürgen und seinen Jungs schlagen zu müssen. Und vielleicht versöhnen wir uns eines Tages, Jürgen und wir, und wir werden gute Freunde, wer weiß.

3

Es war nicht mehr so kalt wie in den letzten Tagen. Die Sonne zeigte öfter ihr Gesicht, gegen Mittag wurde es sogar so warm, daß man schwitzte. Auch Selda schwitzte. Sie spielte mit den Fransen ihres Kopftuches und überlegte sich, ob sie das Kopftuch abnehmen sollte. Sie wagte es aber nicht. Ihre beiden Freundinnen, Emine und Fadime, hatten auch Kopftücher auf.

Die drei Mädchen standen vor dem Gebäude, in dem der Koranunterricht stattfand, und freuten sich, daß sie ihr heutiges Pensum hinter sich hatten.

Über der Tür hing ein grünes Schild mit glänzendweißen arabischen Schriftzeichen.

»Kannst du's lesen?« fragte Selda Emine.

»Lesen schon, aber die Bedeutung weiß ich nicht«, entgegnete Emine, als sie ihr arabisches Alphabet in die Schultasche steckte.

»Ich finde alles so dumm«, murmelte Selda, »wir können nicht richtig Türkisch oder Deutsch und sollen nun Arabisch lernen.«

»Recht hast du«, rief Fadime, dann machten sich die drei Mädchen auf den Heimweg.

In der Straße waren viele türkische Läden und Lokale. An den Wänden klebten Plakate, auf denen türkische Sänger abgebildet waren.

»Sie machen Reklame für das türkische Konzert«, erklärte Emine, »das bald in der Olympiahalle stattfindet.«

»Ich mache mir nicht viel aus türkischer Musik«, meinte Selda, »deutsche Schlager gefallen mir besser.«

»Mir auch«, nickte Fadime aufgeregt, »da ist zum Beispiel jetzt einer, den hört man überall. Ein schönes Lied. Wenn ich es höre, stelle ich mir einen freien Himmel vor, einen Himmel voll von bunten Luftballons.«

Ja, ja. Ich kenne das Lied. Und dieses Luftballon-Gefühl auch. Ein freier Himmel. Und schweben. Von allen Problemen befreit. Ach, mir ist nach Singen zumute. Oder nach Spazierengehen. Im Englischen Garten. Schön wär's. Aber ich muß nach Hause. Ich muß meiner Schwester im Haushalt helfen. Und die arabischen Schriftzeichen lernen, das arabische Alphabet laut wiederholen statt zu singen. Sevil wird wie immer traurig sein. Blaß und müde. Sie tut mir wirklich leid. Aber ich kann ihr nicht helfen, außer im Haushalt. Ich bin auch ein Mädchen wie sie. Ich gebe aber zu, ich würde mich an ihrer Stelle nicht so verhalten. Ich würde mir nicht alles gefallen lassen. Eher würde ich von zuhause weglaufen, statt diesen Kamil zu heiraten. Die arme Sevil. Mir gegenüber sind meine Eltern nicht so streng. Ich bin auch fünf Jahre jünger als Sevil. Aber wenn ich's mir so überlege, muß ich sagen, daß sie auch mir gegenüber streng genug sind. Sinan hat's viel besser. Na ja, er ist ein Junge. Wir Mädchen haben zu gehorchen. Die Eltern wollten, daß ich Koranunterricht nehme, also nehme ich Koranunterricht. Viel lieber würde ich in der Schule Wahlfächer belegen wie Malen oder Musik als jeden Nachmittag in der Koranschule zu hocken. Wenn ich aber zu Hause so spreche, wird mein Vater wütend. Er sagt, es sei Sünde, so zu reden. Ich bin alt genug, um zu unterscheiden, was Sünde ist und was nicht. Es ist eigentlich eine Sünde, Sevil mit einem Mann zu verheiraten, den sie nicht liebt und nicht einmal kennt. Vater sagt, Ehen werden im Himmel geschlossen, und die Liebe würde später kommen. Ich bin noch ein Kind in den

Augen meiner Eltern. Aber ich fühle mich nicht wie ein Kind. Ich fühle mich wie – ach, ich weiß nicht genau, wie ich mich fühle. Ich bin hier geboren, aber Deutschland ist doch nicht meine Heimat. Und die Türkei kenne ich kaum. Nur vom Hörensagen und von kurzen Urlauben einmal im Jahr. Ich wünschte, ich wäre in einem Land geboren, das meine richtige Heimat wäre. Ein Land unter einem freien Himmel voll von bunten Luftballons...

»Jetzt weiß ich's!« rief Emine plötzlich. »Was weißt du?« fragten Selda und Fadime im Chor.

»Den Text des Liedes. Der fängt so an: Hast du etwas Zeit für mich...«

»...dann singe ich ein Lied für dich«, ergänzten Fadime und Selda lachend.

»Kommt, laßt uns singen«, schlug Selda aufgeregt vor.

»Singen? Wie stellst du es dir vor?« fragte Fadime verdutzt, »wenn ein Bekannter von unseren Eltern uns auf der Straße singend sieht, kommen wir ins Gerede.«

»Na und?« kicherte Emine, »Selda hat recht. Wir wollen jetzt singen.«

»Wißt ihr was«, rief Selda, »mir ist zu heiß. Ich nehme jetzt das Kopftuch ab.«

Die drei Mädchen gingen Hand in Hand die Bayerstraße entlang, mit arabischen Alphabeten unter dem Arm, ihre langen schwarzen Haare flogen in dem leichten Märzwind hin und her, und sie sangen fröhlich: ... laß sie fliegen, laß sie fliegen... und am Horizont...

Plötzlich hielt Fadime inne. »Ich verstehe und kenne den Text nicht genau«, sagte sie rasch, »aber da kommt auch eine Stelle mit Krieg und so.«

Die Sonne hatte sich plötzlich hinter den Wolken versteckt. Es sah auf einmal nach Regen aus.

»Kein Krieg«, murmelte Emine kleinlaut.

»Ich glaube, sie singt gegen den Krieg«, bemerkte Selda philosophisch, «wenn wir nur den Text richtig verstehen könnten, wenn wir nur besser Deutsch könnten...«

«Herzlich willkommen, Schwager und Schwägerin, und mein künf-
tiger Schwiegersohn Kamil. Ihr habt uns mit eurem Besuch geehrt.
Bitte nehmt Platz. Selda, was stehst du dort herum, bring Haus-
schuhe für unsere Gäste! Was möchtet ihr lieber trinken, Tee oder
Kaffee? Kaffee? Einen türkischen? Sevil, mach türkischen Kaffee für
unsere Gäste. Selda, bring türkischen Honig!«
Der Vater war vor Freude außer sich, als er so herumkommandierte. Sinan blickte sich gelangweilt um. Über den Besuch hatte
er sich nicht gerade gefreut. Kamil saß auf dem Diwan zwischen
seinen Eltern, die Hände in den Schoß gelegt und den Kopf nach
vorne gesenkt, wie es sich für einen zukünftigen Schwiegersohn
gehört.
»Wir sind gekommen, um über den Brautschmuck zu reden«,
hob Kamils Vater an, »wieviele Armbänder wollt ihr für eure
Tochter haben?«
»Wir sind nicht geldgierig«, entgegnete die Mutter der Braut,
»Hauptsache, unsere Kinder werden glücklich miteinander. Wie
sagt das alte Sprichwort? Raum ist in der kleinsten Hütte für ein
glücklich liebend Paar.«
»Eine Hütte?« grinste Kamils Vater. »Eine hübsche Wohnung
haben wir gemietet, in Giesing, zwei Zimmer, Küche, Bad, Zentral-
heizung. Sag nun endlich, Schwägerin, wieviele Armbänder?«
Sinan ging in die Küche zu seinen Schwestern. Sevil wirkte trauri-
ger als sonst, als sie sich über die Kaffeekanne beugte.
»Jetzt reden sie schon über den Brautschmuck«, flüsterte sie
ihrem Bruder zu.
»Ja«, entgegnete Sinan, »jetzt wird die Sache ernst.«
Sevil goß Kaffee mit zitternden Händen in die Täßchen und murmelte vor sich hin: »Jetzt wird gehandelt. Vater verkauft mich, und
Kamil kauft mich.«
Eine Weile schwiegen die drei Geschwister und starrten aus dem
Fenster hinaus, ohne den Hinterhof draußen, die Mülltonnen und
die grauen Fassaden der gegenüberstehenden Häuser wahrzuneh-
men. Es war ein Sonntag ohne Sonne, und die türkischen Kinder,
die zwischen den Mülltonnen spielten, hatten traurige Gesichter.
Ein kühler Wind heulte um den Hof, ohne die bleiernen Wolken
zu verjagen.

Plötzlich sagte Sinan zu Selda: »Man hat dich neulich auf der Straße gesehen.«

»Na und?« antwortete die kleine Selda schlagfertig, »ich kam vom Koranunterricht.«

»Man hat dich aber ohne Kopftuch gesehen«, fuhr Sinan nachdenklich fort, »noch dazu sollst du gesungen haben.«

Selda senkte den Kopf, als sie den türkischen Honig auf die Teller legte. Sinan aber wechselte das Thema und erzählte seinen Schwestern, daß er neulich beinahe in eine Schlägerei verwickelt worden wäre.

Sevil und Selda blickten ihn angstvoll an: »Und? Ist was passiert?«

Sinan antwortete nicht. Er streichelte die schwarzen Locken seiner beiden Schwestern und starrte vor sich hin.

Während die Eltern nach dem Kaffee über die Hochzeitsvorbereitungen redeten, durften die drei Geschwister nicht dabei sein. Die hockten in der Wohnküche und schwiegen. Ein türkisches Kind weinte im Hof, zuerst leise, dann lauter. Draußen wurde es allmählich dunkel. In den Wohnungen der gegenüberstehenden Häuser gingen Lichter an, aber sie leuchteten trüb, weil Nebel aufgestiegen war.

Plötzlich stand Sinan auf und holte heimlich das Kofferradio aus dem Nebenzimmer, wo über Sevils Schicksal entschieden wurde. Er brachte das Radio in die Küche und drückte auf den Knopf. Durch das kleine Küchenfenster sah Sevil ein Stück Himmel, plötzlich nicht mehr grau, sondern violett und licht, als ein sanftes Lied aus dem Radio ertönte. Eine junge, wohlklingende Stimme, die Stimme der Sehnsucht und Hoffnung, versetzte die drei Geschwister für einige Minuten in eine andere Welt voll von Liebe, Jugend, Frieden und Freiheit, in eine Welt unter einem freien Himmel voll von bunten Luftballons. Sie schwebten für einige Minuten, alle Grenzen durchdringend, grenzenlos war die Freiheit am Horizont.

Dann aber kam der Vater in die Küche und schaltete das Radio aus. »Los«, befahl er Sevil, »küß die Hände deiner Schwiegereltern, der Hochzeitstag ist festgelegt.«

Das Lied tönte noch in ihren Ohren, als Sevil aufstand, die letzten Verse, wie ein schwaches, verstummendes Echo: Und die Welt liegt in Trümmern...

Die Deutschprüfung

»Früher war alles viel besser«, meinte Ilhan und nahm einen Schluck von seinem heißen Tee, der im zierlichen Gläschen mit vergoldetem Rand dunkelrot schimmerte. Er saß im Schneidersitz auf dem Diwan, das Teeglas wirkte in seiner großen, knochigen Hand viel kleiner, als es war.

Gastarbeiterhände, dachte Ümit traurig.

Ilhan war ja ursprünglich kein Gastarbeiter gewesen. In den »goldenen sechziger Jahren«, wie er es selbst formulierte, war er in die Bundesrepublik gekommen um zu studieren. Technische Universität, Physik, guter Abschluß. Während des Studiums hatte er seine Frau Tomris kennengelernt, auch TU, Architektur, auch guter Abschluß.

Beide hatten aber keine Stelle gefunden, die ihrer Ausbildung entsprach. Ilhan arbeitete nun als Fabrikarbeiter, und Tomris hatte sich zur Kindergärtnerin umschulen lassen. Da sie selbst keine Kinder hatten, gefiel sich Tomris irgendwie in ihrer Tagesmutter-Rolle. Hauptsächlich betreute sie türkische Kinder, aber es gab hin und wieder auch deutsche Eltern, die ihre Kinder Tomris anvertrauten.

»Bis Anfang der siebziger Jahre war alles viel leichter«, führte Tomris das Gespräch fort, »man konnte in dieses Land als Student oder Tourist einreisen und bald Aufenthalts- und Arbeitserlaubnis bekommen. Aber die Verhältnisse werden leider immer schlechter.«

Anfang der siebziger Jahre... Damals war Ümit noch fast ein Kind. Er besuchte die Mittelschule in einem Armenviertel in Ankara. Seine Eltern waren mit großen Hoffnungen aus der Nordosttürkei nach Ankara gekommen. Ümit und seine Geschwister waren schon in der Großstadt auf die Welt gekommen. Die Hoffnungen auf eine bessere Zukunft hatten sich aber bald zerschlagen. Die nächste

Station wäre Deutschland gewesen. Ümit erinnerte sich sehr genau an jene Tage, als sein Vater jeden Morgen mit großen Träumen durch die klirrende Kristallkälte des Ankara-Winters zum Arbeitsamt eilte. Alle Papiere lagen bereit. »Nur eine kleine Untersuchung«, sagte der Vater, »wir werden von einem deutschen Arzt untersucht werden.«

Der große blonde Mann im weißen Kittel hatte minutenlang kommandiert, und eine kleine dunkelhaarige Frau mit Brille hatte alles genau übersetzt: Mund auf, Mund zu... Einatmen-Ausatmen... Die anderen Mitbewerber waren angenommen worden, während Ümits Vater den Brief bekomen hatte:

Es tut uns leid, Ihnen mitteilen zu müssen... Der Grund der Absage war die Niereninfektion, die Ümits Vater vor einiger Zeit gehabt hatte und noch nicht ganz geheilt war.

»Ich habe es nicht geschafft. Aber du mußt es schaffen, mein Sohn. Geh nach Deutschland, studiere dort und werde jemand. Wenn du fleißig bist, wissen's die Deutschen zu schätzen. Sie sind selber sehr fleißig, ehrlich und anständig.«

Das waren die Worte des alten Mannes. Ümits Vater war eigentlich nicht richtig alt, erst Mitte vierzig, aber die schweren Jahre der Armut hatten auf seinem Gesicht tausend Falten hinterlassen.

Ja, das waren seine Worte, Abend für Abend, als er am matten Feuer des Kohlenbeckens sich zu erwärmen versuchte. Jahrelang hatte er in der Großstadt als Gepäckträger gearbeitet, nun verkaufte er auf der Straße Obst und Gemüse, indem er den ganzen Tag seinen Karren vor sich her schob und schrie: Süße Bananen, saftige Quitten...

Seine heisere Stimme bebte, als er abends an einem schwachen Feuer seine Hände rieb: »Geh nach Deutschland, mein Sohn. Werde jemand und befreie uns aus dieser Armut.«

Die Mutter saß schweigend gegenüber mit einer Näharbeit in der Hand. Das Rot auf ihrem Gesicht täuschte, es kam von der Glut des Kohlenbeckens.

Ümit nahm ebenfalls einen Schluck von seinem Tee, der wirklich sehr gut schmeckte. Der Tee und überhaupt die ganze Atmosphäre bei Ilhan und Tomris waren ein Stück Heimat für ihn. Er liebte den Geruch in der kleinen Wohnung, diese Mischung aus Wärme,

Zimt und Thymian. Hier vergaß er manchmal sein Heimweh und seine Leiden. Oft hatte er aber ein schlechtes Gewissen, wenn er hierher kam, weil er dachte, daß er Ilhan und Tomris zur Last falle. »So ein Unsinn«, pflegte Ilhan jedoch zu sagen, wenn Ümit davon sprach, und Tomris schüttelte heftig mit dem Kopf: »Ich werde richtig böse, wenn du so etwas noch einmal sagst.«

»War es wirklich so, Bruder Ilhan? Hätte ich damals in den goldenen Jahren als Student arbeiten dürfen?«
Ilhan nickte und stellte sein leeres Teeglas auf das runde Tischlein vor dem Diwan. Tomris füllte das Glas sogleich mit frisch duftendem Tee.
»Es ist ja wie ein Teufelskreis«, schrie Ümit verzweifelt, »ich bekomme keine Aufenthaltserlaubnis für mehr als drei Monate, weil ich nicht arbeiten darf, und weil ich keine Arbeitserlaubnis habe, bekomme ich keine richtige Aufenthaltsgenehmigung.«

Jedesmal starkes Herzklopfen, Magenschmerzen und Angstzustände, jedesmal derselbe Alptraum und das Abgrundgefühl. Ümit war, als zögen ihn unsichtbare Hände in einen Abgrund, wenn er zum Ausländeramt mußte. Und jedesmal bekam er eine Aufenthaltserlaubnis für nicht länger als drei Monate.
Manchmal wachte er nachts auf, der Schweiß strömte ihm über den Körper, und er erinnerte sich an den Alptraum: Der Abgrund. Wieder der Abgrund, dunkel und tief, düster und bodenlos. Und im Gefühl der Bodenlosigkeit schlenderte er mit rot geränderten Augen wie ein Schlafwandler.
Manchmal fragte er sich: »Was wäre aus mir geworden, wenn ich Ilhan und Tomris nicht begegnet wäre? Viele Leiden wären mir erspart geblieben, wenn ich sie ganz am Anfang kennengelernt hätte.«

Ganz am Anfang. Seine Ankunft in Deutschland... Trotz der Kälte, die eisiger als der Ankara-Winter war, und der abweisenden Gesichter der Menschen hatte ihn dieses Land zuerst fasziniert.
Den Grüngürtel mit den vielen Parkanlagen, die Ordnung des Verkehrs trotz aller Regsamkeit, überhaupt diese Uhrwerkordnung fand er schön, bis er merkte, daß er selbst eine nichtige Schraube in diesem riesigen Getriebe geworden war.

Vor dem Studium mußte er Deutsch lernte und freute sich auf die Sprache des Gastlandes, die er klangvoll fand. Jedes Wort, das er lernte, war ihm wie ein Schlüssel, der die Tore eines Märchenlandes öffnete. Gleich bei seiner Ankunft am Hauptbahnhof hatte er zu lernen begonnen: Eingang, Ausgang, Bahnsteig... Er blätterte in seinem kleinen deutsch-türkischen Wörterbuch, das ihm sein Vater als Abschiedsgeschenk gegeben hatte.

Da er noch kein ordentlicher Student, sondern bloß Teilnehmer am Deutschkurs der Universität war, bekam er eine Aufenthaltserlaubnis immer nur für kurze Zeit. Das erste Mal galt sie nur für eine Woche. Damals hatte er zum ersten Mal gespürt, daß der Boden unter seinen Füßen wegzugleiten begann. Das erste Gefühl von Abgrund war in sein Herz geschlichen.

Die Verwandten, bei denen er vorübergehend bleiben und die ihm bei der Arbeitssuche helfen wollten, hatte er nicht finden können. Der Zettel, auf dem die Adresse stand, brannte ihm die Hand, als er mehrmals an der Tür klingelte, auf deren zerkratztem Klingelschild kein Name stand. Es war ein Wohnviertel außerhalb der Stadt, die Häuser waren alt und häßlich, mit zerbröckelnden Fassaden. Nachdem er mehrmals verzweifelt geklingelt hatte, war ein Mann aus der Nebenwohnung herausgekommen, der Ümit angeschrien hatte:

»Was du hier wollen?«

»Hier – Familie Bozdogan – «

»Du nix sehen? Die Leute sind von hier weggezogen. Kein Name an der Klingel. Du etwa blind? Leute schon weg, fort, du verstehen?«

»Ja, ja«, hatte Ümit gestottert und zum Glück fast nichts davon verstanden, was der verärgerte Mann alles vor sich hingebrummt hatte: »Immer diese Ausländer. Man wird sie ja nie los.«

Als Ümit das Haus verlassen wollte, war eine Tür im Erdgeschoß leise aufgegangen, und als Ümit einen Landsmann im halbdunklen Treppenhaus erblickte, wollte er sich ihm um den Hals werfen.

»Die Bozdogans sind weggezogen, Kollege.«

»Ach, können Sie mir dann helfen? Ich habe keine Bleibe, keine Arbeit, gar nichts.«

»Ich könnte dir vielleicht Schwarzarbeit besorgen.«

»Schwarzarbeit? Was ist das?«

Ein winziges Zimmer im Hinterhof einer Weinbrennerei. Na ja, besser als gar nichts. Die Arbeit: Flaschen tragen. Von 5.30 Uhr morgens bis 15.30 Uhr nachmittags. Stundenlohn DM 7.50.

»Du wirst aber keine Miete zahlen müssen«, erklärte ihm der Landsmann, »und glaub mir, heutzutage kannst du nichts Besseres finden.«

Und der Chef, der Ümit die ganze Zeit prüfend anschaute, schüttelte den Kopf: »Der Junge ist mir zu mager. Ob er mit der schweren Arbeit fertig wird?«

Arbeitsatmosphäre: Schlecht bis unerträglich.

Arbeitskollegen: Ümit. Üüü-ümit, typisch türkischer Name. Arbeite viel, Kameltreiber, spare, spare, Häusle baue, und geh dann zurück, zurrr-rück...

Vater, ist das dein anständiges Volk?

Und, und wie soll ich im Deutschkurs fleißig sein, mir tun ja die Knochen so weh, wenn ich von der Arbeit zum Nachmittagskurs gehe. Manchmal schlafe ich im Unterricht schon ein. Und meinen Fleiß bei der Arbeit weiß man auch nicht zu schätzen. Immer die Dreckarbeit wird mir aufgehalst. Wie soll ich – wie soll ich...

Als er in der Straßenbahn saß und mit Tränen in den brennenden Augen imaginäre Gespräche mit seinem Vater führte, hatte ihn Ilhan gesehen:

»Was hast du denn, mein Junge? Fehlt dir was?«

»Nein, nein, danke, das heißt...«

Er hatte Ümit in seine Wohnung mitgenommen. Als Ümit Tomris sah, hatte ihn ihre Ähnlichkeit mit seiner großen Schwester so fasziniert, daß er sie gleich mit »Schwester« anredete:

»Schwester, entschuldige, daß ich so ungebeten komme.«

»Ach was«, hatte Tomris gelächelt mit Grübchen um die Mundwinkel: »Jeder Gast wird von Gott geschickt. Wie sagt man bei uns? Tanri misafiri.«

Seit seiner Ankunft in Deutschland hatte er an jenem Abend zum ersten Mal warmes Essen bekommen, so mütterlich gekocht...

Nach dieser glücklichen Bekanntschaft schien einiges in Ümits Leben eine bessere Entwicklung zu nehmen. Er fühlte sich nicht mehr so einsam in der Uni. Er hatte nun nicht nur zu ausländischen Studenten im Deutschkurs Kontakt, sondern auch zu deutschen Studenten. In den Pausen saß er mit ihnen in der Cafeteria und sprach Deutsch mit ihnen. Sie halfen ihm auch manchmal und verbesserten seine Hausaufgaben. Dann gab's auch Sabine. Ihre dunkelblonden Locken und ihren grünen Augen standen immer vor Ümits Augen, im Deutschkurs, bei der Arbeit und nachts in seinem Zimmer mit den kalten und kahlen Wänden. Aber wenn er an sie dachte, wurde ihm so warm ums Herz, daß er nicht mehr fror.

»Ich gebe am Samstag eine Fete«, hatte Sabine ihm in der Cafeteria gesagt, »kommst du, Ümit?«

Mit pochendem Herzen hatte Ümit auf Samstag gewartet. Zuerst hatte er gedacht, daß es besser wäre, wenn er nicht hinginge, weil er nichts Anständiges zum Anziehen hatte. Ilhan und Tomris meinten aber, daß man zu einer Studentenfete keinen Smoking trage. So hatten sie ihn überredet, doch zu Sabines Party zu gehen, nachdem Ilhan ihm einen seiner guten Pullis geliehen hatte. Sie hatten dieselbe Größe.

Sabine war als Gastgeberin so beschäftigt, daß sie kaum Zeit für Ümit hatte. Dennoch fühlte sich Ümit glücklich, betrachtete sie aus den Augenwinkeln und fand sie immer hübscher. Einmal wollte ihm das Herz zerspringen, als er merkte, daß Sabine zu ihm kam.

»Du hast ja nichts zu trinken, Ümit.« Sie drückte ihm ein Glas Orangensekt in die Hand. Dann kamen sie langsam ins Gespräch, und Sabine fragte plötzlich, wo er wohnte.

»Nun ja«, stotterte Ümit und erzählte Sabine von seiner Bleibe in möglichst schillernden Farben.

»Das sind ja unmögliche Verhältnisse«, rief Sabine, »ein Student braucht ein richtiges Zimmer, mit Schreibtisch und Bücherregalen.«

Ümit nickte traurig.

»Moment mal«, sagte Sabine, »mir fällt gerade was ein. Ich kenne jemanden, der einen Wohnungsgenossen sucht. Wolfgang!« rief sie dann.

Wolfgang war einer der Gäste auf Sabines Fest. Ein baumlanger Junge mit hellblauen Augen. Ümit hatte ihn ein paarmal in der Cafeteria oder einem Hörsaal gesehen.

»Ich denke schon, daß du bei mir einziehen kannst«, meinte er und nippte an seinem Whisky.

»Lieb von dir, aber ich verdiene so wenig. Die Miete...«

»... ist kein großes Problem«, unterbrach Wolfgang Ümit, »es ist eine Altbauwohnung mit wenig Komfort. Das Zimmer kostet bloß 80 Mark.«

»Ach, die Miete kriegst du schon zusammen«, warf Sabine ein, »wenn du woanders sparst.«

Ein richtiges Zimmer mit Schreibtisch und Bücherregalen in der Mittleren Uferstraße. Ein Glück, von dem man nicht einmal zu träumen gewagt hätte, war nun wahr geworden.

»Die Küche und das Bad benutzen wir gemeinsam«, erklärte Wolfgang, als er seine Pfeife stopfte.

Ümits Deutschkenntnisse hatten sich wesentlich gebessert. Frau Seitz, die Deutschlehrerin, brauchte ihn nicht mehr zu mahnen: Herr Karadiken, Sie schlafen wieder.

Sie war eine mittelgroße Frau, Ende 30, Anfang 40, ihre runde Brille fiel immer auf die kleine Nase. Oft fuhr sie mit der Hand durch ihre kastanienbraunen Haare, wenn die Studenten einen unmöglichen Fehler machten: Nicht »ich habe gegangen«, »ich bin gegangen«.

Ümit liebte nun auch Frau Seitz von ganzem Herzen.

Vater, jetzt erst finde ich das Land, von dem du mir immer erzählt hast am schwachen Feuer des Kohlenbeckens. Wenn ich eine bessere Arbeit finde und mehr verdiene, werde ich euch Geld überweisen. Im Deutschkurs bin ich nun sehr fleißig. Wenn ich ihn abschließe und mit dem Studium anfange...

Auch die Arbeitskollegen mochte Ümit fast. Ihre Neckereien nahm er nicht mehr ernst. Vielleicht meinten sie es nicht so, versuchte er sich zu trösten, und er sagte ihnen, indem er ihnen direkt in die Augen schaute: »Ich bin kein Kameltreiber, ich bin Student.«

»Ei, ei, da schau her«, lachten sie dann, »der Herr Student. Er wird eines Tages ein großer Mann sein und uns alle vergessen.«

Ob ich vergessen kann, Vater. Die Schmerzen, den Abgrund...

Das Abgrundgefühl, das Ümit allmählich zu vergessen begonnen hatte, war plötzlich wieder in sein Herz geschlichen, kühler und düsterer denn je.

»Sie müssen diesen Zettel unterschreiben«, hatte der Beamte bei der Ausländerbehörde gesagt, als Ümit dort war, um wieder einmal seine Aufenthaltserlaubnis zu verlängern.

»Was steht darauf?« fragte Ümit kleinlaut, als ihm das Blut in den Schläfen pochte.

»Daß Sie dieses Land verlassen müssen, wenn Sie die Deutschprüfung nicht bestehen.«

»Die – die Deutschprüfung«, stammelte er, nach Luft ringend.

»Ja. Wenn Sie den Deutschkurs nicht absolvieren, können Sie nicht studieren. Dann bekommen Sie auch keine Aufenthaltsgenehmigung und müssen dieses Land verlassen. Ist ja logisch.«

Als Ümit den Zettel unterschrieb, rutschte ihm der Kugelschreiber aus den Fingern, weil ihm der Schweiß aus allen Poren kam und seine Finger naß waren.

»So ist es, Bruder Ilhan«, schluchzte er, »was soll ich machen? Gerade hatte ich begonnen, dieses Land zu lieben, und nun macht man es mir unmöglich schwer, hier zu bleiben. Was tue ich, wenn ich zurück muß? Wie kann ich ins Gesicht meiner Eltern schauen? Was denken die Leute dort von mir? Ümit, der Sohn des Straßenhändlers Muhsin, hat es nicht geschafft, er ist ein Versager, werden sie denken.«

»Nun«, sprach Ilhan mit einer leisen Stimme, »noch ist ja nicht alles verloren.«

Und Tomris fügte hinzu: »Du hast ja noch etwas Zeit bis zur Deutschprüfung. Wenn du tüchtig lernst...«

Ich würde dir gerne dabei helfen«, sagte Wolfgang zu Ümit, als er in der kleinen Küche ihrer gemeinsamen Wohnung nervös auf und ab ging. »Aber ich muß ja für ein paar Wochen fort. Zu einem Praktikum. Scheiße«, schimpfte er dann, »Ümit, Mensch, du mußt die Deutschprüfung schaffen.«

»Du wirst sie schaffen«, flüsterte Sabine nachdenklich. Sie saßen in der Cafeteria und tranken Kaffee aus Pappbechern, eine dunkelbraune, lauwarme Flüssigkeit, die nach nichts schmeckte.

»Ich werde dir helfen«, schwor sie, »wir haben noch genügend Zeit.«

Gleich nach der Arbeit kam Ümit mit müden Knochen nach Hause und setzte sich an den Schreibtisch, manchmal arbeitete er die ganze Nacht hindurch, und seine Augen tränten vor Müdigkeit, als er wieder zur Arbeit fuhr. Selbst während der Arbeit lernte er. Wenn er kurze Pausen einlegte, um den Schweiß von der Stirn zu wischen, schlug er das Grammatikbuch auf, und die Arbeitskollegen, die einen flüchtigen Blick in das dicke Buch warfen, schüttelten den Kopf.

»Deutsche Sprache, schwere Sprache. Wir merken's aber nicht, weil sie unsere Muttersprache ist. Hej, Georg, hättest du denn gewußt, was Konjunktiv ist?«

»Nein, Alois. Etwa du?«

Abends paukte manchmal Sabine mit Ümit:
rufen – rief – gerufen
nehmen – nahm – genommen
schreiben – schrieb – geschrieben
schreien – schrie – geschrien...

Schreien, schrie, geschrien. Schreiend wachte Ümit nachts auf und spürte den Boden unter seinen Füßen weggleiten. Häuser schwankten und stürzten ein, und Ümit glitt in eine finstere Welt. Die Angst vor der Deutschprüfung schnürte ihm die Kehle zu, sie hatte lange, stählerne Hände. Ihm stockte der Atem, als er versuchte, sich aufzusetzen, dann schrie er durch die Nacht, durch die Nächte.

Noch eine Woche bis zur Deutschprüfung, dachte er, als er an der Weißachbrücke zitternd auf die Straßenbahn wartete. Am letzten Abend hatte Wolfgang aus Dillingen angerufen und gefragt, wie es ihm ginge.

»Du wirst es schaffen, Junge«, hatte er gesagt, »und wir feiern deinen Erfolg und die Aufenthaltsgenehmigung, wenn ich zurück bin.«

»Wir werden feiern«, sagten auch Ilhan und Tomris, und Tomris versprach ein großes türkisches Fest. »Für dich, deine deutschen Freunde und die anderen ausländischen Kommilitonen von dem Deutschkurs werde ich kochen«, sagte sie, »alle türkischen Gerichte, die ich kann.«

Tränen perlten in Ümits Augen, als er die schweren Kästen aufhob. Die Weinflaschen klirrten in den großen Kästen, die Ümits Schultern drückten.

Rufen, rief, geriefen, wiederholte Ümit, nein, war das nicht »gerufen«, oder »geriefen«? Verzweifelt setzte Ümit die Kästen auf den Boden und versuchte, sich an das Perfekt von »rufen« zu erinnern.

Noch vier Tage bis zur Deutschprüfung. »Ich will sterben, wenn ich durchfalle«, hatte Ümit Sabine sagen wollen. Er hatte aber geschwiegen, als sie gestern abend zusammen den Lückentest zum Plusquamperfekt machten. Nachdenklich ging Ümit den Fluß entlang. Das war sein täglicher Weg von der Arbeit nach Hause. Das moosige Grün des Wassers erinnerte ihn an Sabines Augen. Überall Sabine mit ihrer weichen Stimme: Es heißt der Beamte, aber ein Beamter. Ümit, das ist die unregelmäßige Deklination.

Schreien, schrie, geschrien.

Noch zwei Tage bis zur Deutschprüfung
»Meister, darf ich bitte heute und morgen frei haben?«
»Wieso denn das?«
»Weil ich eine Prüfung habe. In der Uni. Die Deutschprüfung. Nach der Prüfung arbeite ich mehr. Ich verspreche.«
(versprechen, versprach, versprachen oder versprochen?)
»Nein, Herr Student, so geht das nicht. Wir sind hier kein Wohltätigkeitsverein. Wenn du morgen um 5.30 Uhr nicht hier bist, dann fliegst du.«
Und der Abgrund, der bodenlose Abgrund aus den tiefsten Tiefen der Finsternis.

»Morgen ist es soweit, Bruder Ilhan.«
»Kopf hoch, Junge. Du kriegst das schon hin.«
Und Tomris: »Und hinterher ist alles halb so schlimm.«

Frau Seitz zündete sich eine Zigarette an und blies den Rauch nervös aus ihrem Mund.
So was ist mir ja noch nie passiert, dachte sie, als sie mit gerunzelter Stirn auf dem Gang vor dem Prüfungsraum stand.
Ein Prüfling kommt zur Prüfung mit einem behördlichen Schreiben in der Hand, daß er ausgewiesen würde, wenn er die Prüfung nicht bestehe. Wie groß muß der psychische Druck auf diesen jungen Menschen sein! Das ist doch kein Zustand.
In der letzten Nacht vor der Deutschprüfung hatte Ümit kein Auge zugemacht. Bis drei Uhr nachts hatte er gelernt, dann hatte er wach auf seinem Bett gesessen.
Wenn ich durchfalle, hatte er gedacht, dann, dann ist nur der Abgrund, eine endlose Leere, sonst nichts.

Er hatte nicht frühstücken können, weil er an starken Magenschmerzen litt. Rasende Schmerzen bohrten in seinem Inneren, alles brannte wie eine offene Wunde aus frischem Blut im gähnenden Abgrund der Finsternis.

Am nächsten Tag war er so fertig mit den Nerven, daß er im Seminarraum, in dem in einigen Minuten die Deutschprüfung stattfinden würde, in Tränen ausbrach.

Frau Seitz: »Was ist mit Ihnen, Herr Karadiken?«

Kein einziges Wort hatte er herausgebracht, stattdessen der Deutschlehrerin das behördliche Schreiben gezeigt, das er die ganze Zeit zerknüllt in seiner Tasche getragen hatte. Was soll ich machen? fragte sich Frau Seitz, als sie ihre Zigarette im Aschenbecher zerquetschte. Ich kann ja keine Ausnahme machen und diesen Jungen einfach die Prüfung bestehen lassen. Er muß ja schon etwas leisten. Eine Drei Minus würde schon genügen.

Dann ging sie in den Prüfungsraum und sagte zu Ümit mit einer Stimme, die sanft und streng zugleich war:

»Nehmen Sie sich zusammen, Herr Karadiken. Sie dürfen nicht aufgeben. Mit Ihrem Weinen deprimieren sie uns alle. Nicht nur die Kursteilnehmer, sondern auch die Prüfer. Nehmen Sie endlich Vernunft an, ja? Nun verteilen wir die Prüfungsaufgaben.«

Der Beisitzer holte bereits die gedruckten Aufgabenblätter aus einer schwarzen Mappe.

Ich bin verloren, dachte Ümit, als er den Fluß entlang ging, die frierenden Hände in die Hosentaschen gesteckt. Ich bin durchgefallen. Ich kann mich jetzt weder bei Ilhan und Tomris noch bei Sabine zeigen. Und nach Hause zurückgehen kann ich auch nicht.

Vater, das Land von dem du mir am schwachen Feuer des Kohlenbeckens erzähltest, war vielleicht doch das Märchenland. Ich konnte aber den Schlüssel nicht finden, um sein Tor zu öffnen. Ich habe das Zauberwort nicht gewußt, ich habe versagt.

Nach der Prüfung, als er sich zitternd davonschlich, hatte er noch gehört, wie die anderen Kursteilnehmer aufgeregt über die Lösungen der Prüfungsaufgaben redeten. Der Koreaner Kim meinte, daß das Perfekt von »laden« »geluden« sei, während die Ägypterin Saida von »geladen« sprach, oder umgekehrt. Jedenfalls war Ümit überzeugt, daß seine Antwort falsch war. Mit Schweißperlen auf der

Stirn hatte er das Universitätsgebäude wie ein Verbrecher verlassen.

Konjunktiv, die irreale Bedingungs- oder Wunschform. Der Wunsch hat sich nicht erfüllt, weil ich die Bedingung nicht erfüllen konnte. Es war alles irreal, Vater, von Anfang an.

Ümit ging vom Ufer in Richtung Weißachbrücke. Dann bog er in die Hauptstraße ein: diese Ordnung des Verkehrs trotz aller Regsamkeit. Menschen und Autos an den Ampeln, die abwechselnd auf die Farben warteten: Rot-gelb-grün, rot-gelb-grün. Wie nichtige Schrauben in einem riesigen Getriebe.

Es war alles irreal, dachte Ümit, als er den Herzogsplatz überqueren wollte, ohne auf die Farben zu achten, er nahm sie nicht einmal wahr.

»Also doch eine Drei Minus«, atmete Frau Seitz erleichtert auf. Als sie und die Beisitzer mit der Korrektur der Prüfungsaufgaben anfingen, hatte sie sofort Ümits Prüfungsblatt durchsehen wollen. Nein, die Note war nicht geschenkt, sondern gerecht.

Sie freute sich so, daß sie dem Prüfling die frohe Nachricht sofort mitteilen wollte. Schnell fand sie in der Kartei der Deutschkursteilnehmer eine Telefonnummer. »Ist doch unerhört«, murmelte sie, »das behördliche Schreiben, die Drohung, der psychische Druck«, während sie die Nummer wählte.

An anderen Ende des Drahtes klingelte es. Es war ein Anschluß auf den Namen Wolfgang Scheufele. Ja, die Adresse stimmte auch: Mittlere Uferstr. 5, bei Scheufele. Es klingelte und klingelte, aber niemand meldete sich.

Das Krachen löste ein Erdbeben aus. Häuser schwankten leise und stürzten ein, und die ganze Welt löste sich in Lichtkugeln auf. Obwohl die Wunde, die Wunde aus frischem Blut, wie Glut brannte, spürte Ümit nichts. Wie irgendein Passant, wie einer von den anderen, die sich um die Unfallstelle versammelt hatten, erlebte er das Geschehen. Nur die Stimmen hörte er schlecht, die in seinen blutenden Ohren sausten. Sie kamen aus undenklichen Fernen.

»Ich habe keine Schuld, ich schwöre, Herr Wachtmeister. Der Junge sprang plötzlich vor mein Auto«, rief ein blonder Mann. Er hatte einen dunkelblauen Pullover an, die gleiche Farbe hatten seine funkelnden Augen.

»Ich schwöre, die Ampel war rot für Fußgänger.«

»Ja, sie war rot«, bestätigten Augenzeugen.

Sirenen heulten wie verrückt. Auch sie klangen wie aus undenklichen Fernen, aber im Nu war der Krankenwagen da. Männer in langen Kitteln und mit gleichgültig ernsten Gesichtern legten den verblutenden jungen Mann auf eine Bahre und schoben sie in einen eisigen Backofen, der ätzend nach Medikamenten und Desinfektionsmitteln roch.

Es war der Abgrund, der richtige Abgrund, aber nicht finster, sondern hellweiß, kreideweiß, leichenweiß.

Als die Bahre den Schlund aus Eiszapfen hinunterzugleiten begann, begriff Ümit, daß er nicht irgendein Passant war, und versuchte mit zerfetzten Händen, sich am glitschenden Eis festzuhalten, um nicht in den Abgrund zu stürzen. Aber der Abgrund war so verlockend wie ein weiches Bett aus Rosenblättern. Nun schwebte Ümit im Zeitlosen, und Tomris schwor: ein Fest... alle türkischen Gerichte... Moosgrün waren Sabines Augen: du wirst es schaffen, Ümit.

»Mein Junge«, begann wieder sein Vater am Kohlenbecken zu erzählen.

»Schaffen Sie den Jungen endlich weg«, schrie der Wachtmeister die Männer in den langen Kitteln an.

Und Frau Seitz versuchte noch einmal, eine Telefonnummer zu wählen. Am anderen Ende des Drahtes klingelte es schallend in einem eisigen Echo. Niemand nahm den Hörer ab.

Schreie, schrei nur

Immer weiter entfernte sich die Straßenbahn von der Stadtmitte und bog in einsamere Straßen ab. Fatma starrte auf den Zettel in ihrer Hand, auf dem die Adresse stand und der Weg ausführlich beschrieben war. An der Endstation mußte sie aussteigen, und die Endstation schien am Ende der Welt zu sein. Viele Fahrgäste waren ausgestiegen, in der Straßenbahn war sie fast allein mit dem Fahrer, und Angstgefühle zogen ihr Herz zusammen. Ständig verglich sie die Liniennummer auf dem Zettel mit der der Straßenbahn, um sich zu vergewissern. Obwohl alles stimmte, konnte sie keine Ruhe finden.

Sie stand auf und schritt zum Ausstieg, dann kam sie zu ihrem Platz zurück und schaute mit großen Augen aus dem Fenster. Sie starrte auf den Mond. Es war nicht irgendein Mond, sondern der Vollmond, der hell durch die zerrissenen Wolken schien und tröstend mitfuhr. Die bläuliche Nacht schwebte wie das Gewölbe eines Tempels über der weißen Stadt. Nein, die Nacht war nicht dunkel. Der Vollmond und der leichte Schneeschimmer beleuchteten die Nacht.

Eine ungewöhnlich helle Nacht, dachte Fatma. Sie hatte den ganzen Tag gefroren. Ihre Finger und Zehen hatten kein Gefühl mehr, so daß ihr die Kälte jetzt nichts mehr ausmachte. Schnee und Nacht zogen an den Fenstern der Straßenbahn vorüber, und Fatma wunderte sich über die vielen Lichter in der fremden Stadt. Alles erschien ihr wie verzaubert und voller Geheimnisse. Weihnachten war vorbei und auch Silvester. Noch standen aber in den kleinen Gärten einzelne beleuchtete Christbäume. Ihre gelben Lichtkreise schwankten weit in die Nacht.

Nein, es waren keine weißen Weihnachten gewesen. Erst am Silvesterabend hatte es zu schneien angefangen und eine Woche lang nicht aufgehört. Alles war zugefroren. Die Kälte war sogar für dieses Land ungewöhnlich. Zeitungen schrieben von «sibirischen

Verhältnissen«. Minus 20 Grad. Und man hatte zu Fatma gesagt: »Für eine Südländerin wie Sie muß es ja noch schlimmer sein.«

»Ja, ja«, hatte Fatma genickt, um weitere Diskussionen zu vermeiden, denn ihr Deutsch wäre nicht ausreichend gewesen. Als Südländerin? Die Türkei ist ein großes Land, dreimal so groß wie die Bundesrepublik Deutschland. Und von der West- in die Osttürkei ist es wie eine Reise von der Sahara nach Sibirien. Fatma war im sibirischen Teil der Türkei geboren und aufgewachsen. Bei minus 20 Grad war sie in die Schule gegangen. Da sie keine Stiefel und nicht einmal feste Schuhe besaß, hatte ihr die Mutter Tücher um die Füße gebunden. Die Schule lag zwei Kilometer von ihrem Heimatdorf entfernt.

Die Straßenbahn schlängelte sich um ein Hochhaus und bog nach links. «Görlingen, Einkaufscenter«, rief der Fahrer in sein Mikrophon, und Fatma atmete erleichtert auf. Als Herr Langmeier ihr den Weg beschrieben hatte, hatte er das Hochhaus erwähnt. Hatte er nicht gesagt: «Nach dem Hochhaus noch drei Stationen«? Fatma konnte zwar nicht gut Deutsch sprechen, sie verstand aber fast alles. Die Winternacht mit den Eisblumen an den Fenstern gab ihr ein Gefühl, das die Schmerzen ein wenig linderte...

Als Fatma die Grundschule erfolgreich absolviert hatte, ließ ein unerwarteter Besuch die unvernünftige Hoffnung in ihr flattern, die Mittelschule und das Gymnasium besuchen zu dürfen.

Es war ihre Lehrerin, die extra aus dem Nachbardorf gekommen war, um mit Fatmas Vater zu reden, um ihn zu überreden, Fatma in eine weiterführende Schule zu schicken.

Obwohl es Frühsommer war, war es noch so kalt, daß in der Lehmhütte wieder Feuer gemacht worden war, das, reichlich zugeschürt, unheimlich knisterte.

»Ein begabtes Mädchen«, begann die Lehrerin, die am Feuer hockte und in ihre schlanken Hände hauchte. Eine junge Frau, ohne Kopftuch, ohne männliche Begleitung vom Nachbardorf gekommen, jung, hübsch und energisch. Mit bebendem Herzen blickte Fatma zu ihr auf und dachte, daß die Lehrerin einem Engel gliche.

Fatmas Vater kratzte sich am Ohr. Ausnahmsweise schaute er nicht grimmig aus seinen dunklen Augen. Auch er schien die Lehrerin zu respektieren, die junge Frau aus Istanbul, die in jenem Dorf bei Kars, an der Grenze Anatoliens zu Rußland, in der östlichsten Ecke der Türkei, ihren Referendardienst leistete und sich mit Leib und Seele für ihren Beruf opferte. Deshalb schien er nicht einmal ihr ungewöhnliches Auftreten zu tadeln. Im Gegenteil: er wirkte sogar etwas verlegen.

»Nun ja«, stammelte er, »Frau Lehrerin, Sie wissen es ja selbst, hier in unserem Dorf und auch im Nachbardorf gibt es keine Mittelschule. Soll ich meine Tochter nach Kars, in die Stadt, schicken? Wo, bei wem soll sie dort wohnen, wovon soll sie leben? Außerdem brauchen wir Fatma hier. Sie hilft ihrer Mutter beim Haushalt und paßt auf ihre kleinen Geschwister auf. Zudem wird sie bald heiratsfähig.«

»Heiratsfähig? Fatma ist erst 12 Jahre alt«, gab die Lehrerin verärgert zurück.

Sie schützt mich wie eine Tigerin, dachte Fatma, die die ganze Zeit geschwiegen hatte. Mit trübem Blick starrte sie vor sich hin und beobachtete dabei die Lehrerin, die für Fatma die schönste und stärkste Frau auf der Welt war, aus den Augenwinkeln.

»Fatma«, befahl die Lehrerin mit einer Stimme, die zart und streng zugleich war, »sag du doch auch etwas. Willst du die weiterführende Schule nicht besuchen?«

»Doch«, hatte Fatma aus trockener Kehle geflüstert und war sich dabei so mutig vorgekommen, daß sie stolz auf sich war. Nach diesem schwachen »Doch« hatte ihr Vater sie mit einem finsteren Blick durchbohrt. Fatmas Mutter servierte ständig Tee. Sobald die Gläschen leer wurden, füllte sie sie wieder, und der Tee duftete stark.

Fatma atmete in der Straßenbahn tief ein, als ob sie diesen heimatlichen Geruch wieder in der Nase spürte.

»Nächster Halt: Görlingen, Nähgarnfabrik«, meldete der Fahrer.

Fatma stierte durchs Fenster, und ihre Finger krampften sich um den Griff ihrer Handtasche.

Die Mutter servierte Tee und sagte kein einziges Wort. Es war nicht ihre Art, sich in ein Gespräch einzumischen. Sie hatte ja auch keine Meinung, die sie hätte äußern können. Sie hatte es nie gelernt, sich eine Meinung zu bilden.

Liebe Mutter, arme Mutter, dachte Fatma mit einem wehmütigen Gesichtsausdruck in der Straßenbahn.

»Sie hat ihre Grundschulpflicht erfüllt und damit basta«.

Das war ihr Vater mit zornig funkelnden Augen.

Nachdem die Lehrerin gegangen war, hatte Fatma die ganze Nacht still geweint, obwohl ihr eher nach Schreien zumute gewesen war. Sie hatte ihr Gesicht im Kopfkissen vergraben und die Tränen hinuntergeschluckt, die ihr den Hals verbrannten. Wie Gifttropfen.

Fatma hob ihren Kopf, als sich die Straßenbahn um einen kleinen Platz schlängelte, an dem noch ein riesiger Tannenbaum stand, der mit elektrischen Kerzen geschmückt war. Die vielen Lichter waren fast grell. Fatma schloß die Augen. Gott sei Dank ist die Weihnachtszeit vorbei, dachte sie. Trotz der fröhlichen Farben in den Straßen und Schaufenstern hatte sie diese Zeit nie gemocht, in der sie die Einsamkeit am stärksten fühlte. Die Deutschen, die ohnehin abweisend und reserviert waren, zogen sich in dieser Zeit völlig zurück. Jeder rannte zu seinen Eltern und älteren Verwandten, die man während des ganzen Jahres vernachlässigt hatte. Kein Deutscher wäre auf die Idee gekommen, einen ausländischen Kollegen zum Weihnachtsfest einzuladen, obwohl man täglich nebeneinander am Fließband schuftete.

Eine komische Auffassung von Nächstenliebe, dachte Fatma. Das Wort «Nächstenliebe» hatte ihr eine alte Frau beigebracht, die damals im alten Eckhaus in der Hackestraße über Fatma wohnte.

Sie war Fatmas erste richtige deutsche Nachbarin, die dann auch sehr traurig war, als Fatma auszog. Das erste Mal in Fatmas langem Leben in Deutschland hatte die alte Frau sie eingeladen, um Weihnachten mit ihr zu feiern. Zuerst hatte sie aber vorsichtig gefragt:

»Bei euch gibt es keine Weihnachten, nicht wahr? Würden Sie trotzdem heute abend mit mir feiern? Ich bin so einsam.«

Aber all das lag nun schon weit zurück. Es kam Fatma wie eine Ewigkeit vor, obwohl seit ihrer ersten richtigen Weihnachtsfeier in Deutschland erst zehn Tage vergangen waren.

Damals lebte sie im Ruhrgebiet. Sie kannte nur jenen Teil Deutschlands mit den qualmenden Fabrikschornsteinen, die in einen grauschwarzen Himmel ragten.

Und heute? fragte sie sich nachdenklich. Sie war sieben Stunden durch den Winter gefahren und in einem Land angekommen, das auch Deutschland war, aber eben ein anderes Deutschland.

Wie verflochten waren die Wege des Schicksals...

Und der Schmerz? War er erstarrt in der Kälte der Glasnacht?

»Görlingen, Josephsplatz, Endstation«, meldete der Fahrer mit einer müden Stimme, raffte schnell seine Diensttasche und stand auf.

»Servus«, rief er dem blauuniformierten Kollegen zu, der nun den Fahrerthron bestieg, nachdem er das Schild für das Fahrtziel gewechselt hatte.

Mit scheuen Schritten stieg Fatma aus, atmete die Nacht ein und blickte sich ängstlich um. Obwohl ihr Koffer nicht sehr schwer war, schleppte sie ihn nur mühsam neben sich her.

Ein leichter Wind fegte etwas Schnee vom vereisten Boden.

Weiße Kristallstäubchen flogen herum, die Fatmas brennende Wangen leicht berührten. Zögernd ging Fatma einige Schritte nach rechts und kehrte dann zur Straßenbahnhaltestelle um. Unter ihren Sohlen knirschte der gefrorene Schnee. Sie blieb vor einer Laterne stehen und schaute nochmal auf den Adreßzettel: Pension Glück, Kemptenerstraße 29, 8... A.-Görlingen.

Und dann die Zeichnung von Herrn Langmeier: Nach der End-station der Straßenbahn die Hauptstraße überqueren, weiter geradeaus 200 Meter, die erste, zweite, dritte Querstraße links...

Hoffentlich finde ich's, betete Fatma mit klappernden Zähnen.

Die Kristallstäubchen schimmerten im Lichtkegel der Laterne.

Tief bohrte sich die Kälte in Fatma ein.

Drei Jahre waren seit dem Besuch der Lehrerin verstrichen, als ihr Vater sie eines Abends zu sich rief und ihr ein Foto zeigte. Fatma zitterte so, daß sie nicht wagte, sich das Foto anzuschauen.

»Er ist Schlosser«, berichtete ihr Vater mit einer fast zärtlichen Stimme, «hat eine gute Zukunft. Er geht als Gastarbeiter nach Deutschland, sobald seine Papiere fertig sind.«

Deutschland, ein Land, das weit weg war...

»Natürlich gehst du mit«, fuhr ihr Vater fort, »als seine Ehefrau. Er gibt mir fünf Kühe, und du kriegst zehn goldene Armbänder. Deine Mutter und deine Geschwister bekommen auch teure Ge-schenke. Du willst ihn doch heiraten und mit ihm nach Deutsch-land gehen, nicht wahr?«

»Ja, ja!«, nickte Fatma, weil sie wußte, daß es überhaupt nichts nützen würde, gegen die Entscheidung ihres Vaters Widerstand zu leisten. Sogar der Hochzeitstag war ja bereits festgelegt.

Sie sah Mehmet zum ersten Mal bei der Trauung. Mehmet, ihr Mann... Er war groß, hatte breite Schultern, die Gesichtshaut spannte sich bräunlich über den Backenknochen, die stark hervortraten. Die tiefschwarzen Augen flößten Fatma Angst ein, aber zugleich hatte ein warmes süßes Gefühl ihr Herz erfüllt. Nach ihrem Vater und ihrem Bruder war Mehmet der erste Mann, der sie berührt hatte. Nach der Trauung, während der Hochzeitsfeier, hatte er seinen Arm um Fatmas Schultern gelegt, und in Fatma toste eine starke Brandung. Das warme Gefühl war zu einem Feuer geworden, das mit süßen Schauern ihre Brust durchbebte. Die ohrenbetäubenden Paukenklänge der Hochzeitsfeier begleiteten das Brautpaar bis in das Brautgemach, das in der Hütte der Schwiegereltern eingerichtet worden war. Auf dem kleinen Tisch neben dem Ehebett brannte eine Öllampe, deren schwaches Licht fliehende Schatten an die lehmverputzten Wände zeichnete.

Sie waren das erste Mal allein...

»Ach«, seufzte Fatma und blieb stehen. Nur mit Mühe und Not trug sie ihren kleinen Koffer. Sie war außer Atem. Der Schimmer der Erinnerung war wie ein Komet aufgeflackert, dann wieder erloschen. Die vielen Sterne im Goldnebel tönten leise. Nächtliche Mondstadt, dachte Fatma, du bist so geheimnisvoll schön, ich glaube, daß ich dich lieben werde. Wenn ich nur die Pension finden könnte. Bin ich hier überhaupt richtig? War das die erste oder zweite Querstraße?

Ein knappes Jahr später hatte Fatma dann ähnliche Ängste und Schmerzen erlebt wie in der Hochzeitsnacht, im selben Zimmer im selben schwachen Licht, mit großen Schweißperlen auf der Stirn.

»Habt ihr keine Öllampe?« schrie die Hebamme.

Man hatte Fatma nicht in ein Krankenhaus gebracht, weil es in der nächsten Umgebung keines gab.

»Bringt alle Öllampen her, die ihr habt, borgt auch von den Nachbarn welche«, schrie die junge Frau weiter. In ihr sah Fatma plötzlich die Lehrerin, die Ähnlichkeit war verblüffend. Fatma bewunderte sie, die junge, mutige Frau, die Tag und Nacht in Schnee und Kälte herumritt, von einem Dorf zum anderen, um gebärenden Frauen zu helfen.

Plötzlich war ihr Gesicht hinter einem flackernden Schleier verschwunden, auch ihre zarten weißen Arme, die in Fatmas Körper drangen: »Schreie, schrei nur. Geniere dich nicht, schrei nur.«

»Ein Junge, nicht wahr?« fragte ihre Schwiegermutter voller

Hoffnung. »Ein Mädchen«, antwortete die Hebamme stolz und traurig zugleich. »Ich werde ihr Ihren Namen geben«, flüsterte Fatma mit einem leichten Lächeln der Hebamme zu, bevor sie in einen tiefen Schlaf sank.

Die zweite Geburt war leichter. In einem sterilen Raum, der beißend nach Hygiene roch, in einer schneeweißen Klinik am Ruhrufer. Der blonde Mann im weißen Kittel hatte hauchdünne Handschuhe an. Er schaute auf die Uhr: In zwei Minuten mußte das Kind kommen.

Von der Decke strahlten hunderte von Neonröhren metallisch matt. Und nach zwei Minuten berichtete die Krankenschwester, ebenfalls in Weiß, bleich im Neonlichtmeer: »Es ist ein Junge, Frau Birdal.«

Fatma hatte die Lehrerin und die Hebamme vergöttert und hätte nie gedacht, daß auch sie eines Tages eine mutige Frau sein würde, die auf ihren eigenen Füßen steht. Eine Frau, allein in einem fremden Land, ohne Arbeit, ohne Obdach, und dann weiterkämpfen würde. Bis zum Ende.

Deutschland... Am Anfang war alles leichter, weil Mehmet bei ihr war. Er lernte alles schnell, die Sprache, die Mentalität. Er brachte ihr auch einiges bei, soweit sie aufnahmefähig war.

»Frau«, sagte er immer, »das hier ist nicht unsere Heimat, sondern ein anderes Land. Wie sagt man, andere Länder, andere Sitten. Also, wir müssen uns umstellen. Wir müssen uns anpassen, wenn wir die Fremde überleben wollen.«

Und das Kopftuch? Nun ja, das war nicht so einfach. Umbinden, ablegen, umbinden, ablegen...

»Meinetwegen brauchst du kein Kopftuch zu tragen«, hatte Mehmet gesagt, und wochenlang war sich Fatma wie nackt vorgekommen, bis sie sich daran gewöhnt hatte, ohne Kopftuch unter die Leute zu gehen.

»Wenn wir wirklich reich werden wollen, müssen wir sparen. Und damit wir sparen können, halte ich es für besser, wenn du auch arbeitest.«

»Ich? Berufstätig?«

»Warum nicht?«

»Ja, ja«, nickte Fatma aufgeregt, ihr Herz schlug heftig und tat fast weh, eine flammende Röte war ihr in die Wangen gestiegen.

»Fatma«, hörte sie die Lehrerin, »willst du keine weiterführende Schule besuchen?« Und die Hebamme sagte: »Schreie, schreie nur.« Allein der Gedanke daran, eine berufstätige Frau zu werden, machte Fatma so glücklich, daß sie bereit war, alles zu lieben, die dröhnenden Fabrikhallen und qualmenden Schornsteine, die Schichtarbeit und die Überstunden, einfach alles.

Sie war so stolz auf sich selbst, als sie in den dunkelblauen Arbeitskittel hineinschlüpfte, den ihr der Meister gegeben hatte. Minutenlang betrachtete sie sich im Spiegel des Waschraumes und kam sich sehr hübsch vor.

Trotz des Berufslebens konnte sie sich nur mühsam ändern, sich nur sehr mühsam anpassen, während Mehmet in kurzer Zeit ein neuer Mensch geworden war, den Fatma nicht mehr wiedererkannte.

»Frau, nach Feierabend, gehe ich mit deutschen Kollegen kegeln.«

Einsame Nächte. Die Kinder schliefen schon in ihrem Zimmer. Fatma horchte auf ihre Atemzüge. Mit einem zärtlichen Lächeln deckte sie sie zu. Dann schaute sie auf die Uhr, ihr Gesichtsausdruck wurde immer unruhiger, verzweifelter.

Was macht er so lange in den Kneipen? Werden die nicht irgendwann geschlossen? Drei Uhr nachts. Morgen, das heißt heute, in zwei Stunden, habe ich Frühschicht. Hoffentlich ist ihm nichts passiert...

Nacht für Nacht derselbe Alptraum, bis Mehmets Schlüssel sich endlich im Schloß drehte.

»Bist du schon aufgestanden?«

»Ich hab gar nicht geschlafen. Trinkst du einen Tee mit mir? Ich muß gleich los.«

»Nein, ich bin müde.«

»Ich auch, Mehmet, ich auch.«

Mit rotgeränderten Augen am Laufband. Die volltönende Stimme des Meisters, der gleich hinter ihren Schultern stand: »Frau Birdal, passen Sie doch besser auf!« Eigentlich mochte sie den Meister, seinen rotblonden starken Schnurrbartwuchs, seine rötlich-weißen Hände. Er erinnerte sie irgendwie an ihren Vater, obwohl er ihm überhaupt nicht ähnlich sah.

Dann wieder die laut tickende Uhr in der Nacht. Der ruhige Atem der Kinder, ihr pochendes Herz.

Hoffentlich ist ihm nichts passiert, hoffentlich kein Unfall, mein Gott, oh mein Gott.

Sie vergrub ihr Gesicht in den Händen und weinte und weinte.

Das muß jetzt die zweite Querstraße sein, dachte Fatma, unter ihren Sohlen das gleichmäßige Knirschen des vereisten Schnees. Sie blieb wieder stehen, stampfte mit den Füßen auf und hauchte in ihre Hände. Der Mond war höher gerückt. Sie starrte lange in den bleichen Himmel.

»Frau«, hatte Mehmet eines Morgens gesagt, »ich muß mit dir reden.«

Sie war im Begriff, zur Frühschicht zu gehen. Mehmet war gerade gekommen, sein Frühstück stand bereits auf dem Tisch, die Kinder schliefen noch.

Jetzt ist es soweit, hatte Fatma gedacht, ich hab's doch immer gewußt. Eine Gänsehaut überzog sie von oben bis unten. Das Frösteln wurde so stark, daß sie anfing zu zittern.

»Ja, Mehmet?«

»Es gibt eine andere Frau, mußt du wissen. Ich – ich habe mich in sie verliebt. Sie liebt mich auch. Wir wollen heiraten. Ich habe die Scheidung bereits eingereicht. Die Kinder bleiben selbstverständlich bei mir.«

Fatma ergriff der Schwindel. Das Blut war ihr siedend heiß ins Gesicht gestiegen, obwohl ein Eisberg auf ihre Brust drückte.

»Die Kinder gebe ich nicht her.«

»Sie heißt Margit. Sie ist Metzgerin«, erzählte die Landsmännin, die die Frau eines entfernten Verwandten von Mehmet war.

Fatma hatte diese Familie sogleich aufgesucht, um Näheres zu erfahren und sie um Rat zu bitten. Refik hatte nichts sagen wollen, aber seine Frau nahm kein Blatt vor den Mund:

»Das geht jetzt schon seit Monaten mit den beiden. Mehmet ist verknallt in diese Frau. Ich glaube nicht, daß er zu dir zurückkehrt. Nimm die Kinder und geh in deine Heimat zurück.«

»Ach, Schwester Hilal, als ob das so leicht wäre. Als geschiedene Frau... Das ist doch nicht möglich. Nein, nein, ich bleibe hier, ich bleibe in Deutschland.« Und die Entschlossenheit in ihrer Stimme hatte nicht nur Refik und Hilal, sondern auch Fatma selbst in Erstaunen versetzt.

Einmal ging sie heimlich in die Lebensmittelabteilung des

Kaufhauses, wo Margit als Metzgerin arbeitete. Einfach so, wie eine Kundin. Sie versteckte sich hinter einem Stand, einer Burg aus Konservendosen, und beobachtete die Frau, deren Hände, rot und dick, in einer rohen Fleischmasse wühlten.

Der Ekel ballte sich in ihrer Magengegend zusammen, wanderte von dort in den Hals. Fatma wollte sich erbrechen.

Diese Frau kann nicht die Mutter meiner Kinder sein. Diese Frau hatte vielleicht häßliche Hände und einen häßlichen Beruf, aber ihr Gesicht, ihre Haare... Gepflegt und hübsch wie ein Mannequin. Die seidenen Locken, die über die schmalen Schultern fielen. Die schlanke Figur... Fatma berührte mit demselben Ekelgefühl ihre breiten Hüften und ihr hartes, pechschwarzes Haar. Dann kamen die Burgen aus Dosen, Flaschen, Einmachgläsern und Käselaibern auf sie zu, von allen Seiten, und kreisten sie ein. Es war ihr, als greife eine eiskalte Hand aus rotem, rohem Fleisch in ihr Innerstes. Die Trauer wuchs in ihr und füllte sie bis zum Zerspringen.

Wenn ich nur schreien könnte, dachte sie und sah alles schwächlich und milchig wie hinter einem trüben Glas. Das hübsche Gesicht, die seidenen Locken und die blutroten Hände in blutigen Fleischmassen. Und sie ließ sich tragen von einer Flut aus bitterer, erstickender Traurigkeit.

»Die Kinder bleiben bei mir. Das ist meine Bedingung für die Scheidung.«

Wie mutig ihre Stimme klang.

»Laß uns einen Kompromiß finden. Wir schicken die Kinder zu meinen Eltern in die Türkei. Du kannst sie jederzeit sehen, wenn du willst.«

Kurz nach der Scheidung kam die Entlassung. Aus betrieblichen Gründen. Der Meister, mit dem sich Fatma so gut verstanden hatte, gab sich Mühe, nicht in ihre Augen zu schauen. »Frau Birdal, wenn es nach mir ginge, würde ich Sie am liebsten behalten. Aber Kopf hoch. Wir haben vielleicht noch eine Möglichkeit für Sie. Sie können bei einer anderen Filiale unsrer Firma wieder eingestellt werden. Allerdings in Süddeutschland. Wären Sie bereit, nach Süddeutschland zu gehen?«

»Ich bin bereit. Wann?«

»Nun ja, nicht sehr bald. Sie müssen sich gedulden.«

Da Mehmet die Wohnung behalten hatte, hatte Fatma plötzlich kein Dach mehr über dem Kopf. Einige Tage schlief sie bei

Mehmets Verwandten. Sie suchte einerseits eine neue Wohnung, andererseits wußte sie aber nicht, wie sie die Miete zahlen sollte. Die Vermieter verlangten eine Verdienstbescheinigung und wollten außerdem keine alleinstehende Frau als Mieterin, die noch dazu eine Ausländerin war. Da Fatma keinen Ausweg mehr wußte, ging sie zum Meister, um ihn um Hilfe zu bitten. Er hatte dann die Wohnung im alten Eckhaus in der Hackestraße gefunden. Da das Haus bald abgerissen werden würde, war die Miete verhältnismäßig gering. Dennoch reichte das Arbeitslosengeld nicht aus. Deshalb nahm Fatma jede Arbeit an, um zu leben, um zu überleben. Auch die Dreckarbeit. Während sie Toiletten putzte und das Übelkeitsgefühl von der Magengegend in den Hals wanderte, war sie wie gelähmt. Nur nachts, wenn sie zusammengekrümmt auf dem Bett lag, zuckend, sich windend, kam der Schluchzer aus der trockenen Kehle.

Viel schlimmer als alles aber war die Sehnsucht nach ihren Kindern. Sie schrieb ihnen jeden Abend und kaufte ihnen mit dem wenigen Geld, das sie hatte, Geschenke.

Der einzige Mensch, zu dem sie Kontakt hatte, war die alte Frau, die über ihr wohnte. »Ich bin auch sehr einsam«, erzählte die alte Frau, »auch meine Kinder leben weit, weit weg von mir. Sie sind in der DDR. Wir sind getrennt worden.«

Da Fatma selbst kein Telefon hatte, hatte sie dem Meister die Telefonnummer ihrer Nachbarin gegeben. Eines Abends, als sie todmüde heimkam, hatte die Nachbarin schon im Treppenhaus auf sie gewartet.

»Eine Nachricht für Sie«, erzählte sie aufgeregt, »es hat geklappt mit der neuen Stelle. Herzlichen Glückwunsch.«

Ein Zug fuhr Fatma dann durch den Winter, die Schneewüste wie wahnsinnig durchkeuchend. Bahnhofsschilder zogen schnell vorbei. Fremde Städte, ein fremdes Land. Auch in Süddeutschland lag Schnee.

Fatmas Deutsch, das stark türkisch, aber auch etwas westfälisch gefärbt war, hätte beinahe völlig gestreikt, als sie vor dem neuen Meister stand:

»Langmaier ist mein Name.«

»Ich bin Fatma Birdal.«

»Mei, du schauscht aber net wie ein kräftiges Mädle aus. I woas net, ob du die harte Arbeit hier schaffe kannscht.«

»Ja, ja«, hatte sie genickt, »ich schon härter gearbeitet.«

Sie hatte ihr ganzes Leben »Ja, ja« genickt.

»A Dienschtwohnung kenna mir koana oanbieten. Bis du oane Wohnung 'funden haschst, kannscht du hier wohnen.«

Dann hatte er die Adresse auf einen Zettel geschrieben und die Zeichnung dazu gemacht, um ihr den Weg genau zu beschreiben.

Das entlegene Stadtviertel Görlingen, Endstation der Linie 4. Pension Glück.

So. Das ist jetzt die dritte Querstraße, und sie heißt tatsächlich Kemptenerstr. Nummer-, Nummer-, ja, 29, hier ist es: Pension Glück. Wie die Nacht, die Fatma sanft umhüllte, waren auch die Fenster hell erleuchtet. Sie drückte auf die Klingel. Der automatische Türöffner zischte kurz. Eine duftende Wärme strömte Fatma aus dem Eingang entgegen. Teegeruch. Ein hellaufloderndes Kaminfeuer empfing sie mit seinem fröhlichen Knistern wie mit einem vertrauten Gruß. Eine nie zuvor erlebte Woge von Heimatgefühl zog durch Fatmas Herz. »Sie sind doch Frau Fatma Birdal, gell?« fragte eine Frau mit hochgesteckten schwarzen Haaren. Fatma hätte denken können, einer Landsmännin zu begegnen, wenn sie nicht von Herrn Langmaier gewußt hätte, daß das Frau Mosl war, die Inhaberin der Pension Glück.

»Eine Frau Mosl wartet auf Sie«, hatte er gesagt.

»Herr Langmaier hat mich benachrichtigt«, fuhr Frau Mosl fort, »willkommen in unserer Stadt. Sie haben Zimmer Nummer 32, im dritten Stock. Hier sind Ihre Schlüssel. Möchten Sie ein Glas Tee, Frau Birdal?«

»Gerne«, flüsterte Fatma, »sehr gerne. Danke, vielen Dank.«

Ein warmes Zimmer. Was machte diese Wärme aus? Die orangene Tapete oder die rötlichblau zitternde Flamme des Gasofens, oder beides? Das Bettzeug roch nach Seife und war weich wie Seide.

Obwohl Fatma sehr müde war und das Bett sie wie ein Magnet anzog, legte sie sich nicht gleich schlafen. In ihrer Brust hatte sich etwas erhoben. Sie holte tief Luft und horchte in sich hinein. Funken glühten in ihr, sie war eins mit sich selbst. Sie fühlte das Leben durch ihre Glieder kreisen. Aus undenklichen Fernen hörte sie Töne herüber schweben. Der Himmel und die Welt, die Vergangenheit und die Zukunft klangen in vollkommener Musik zusammen.

Sie fühlte sich so erleichtert, daß sie all die Schreie, die sie bis jetzt unterdrückt hatte, endlich hätte ausstoßen können. Aber plötzlich war ihr nicht mehr nach Schreien zumute.

Während sie die gläserne Bläue der hellen, kalten Nacht draußen fühlte, spürte sie ihr Schicksal deutlich:

Ich fange ein neues Leben an. Ich bin ein neuer Mensch.

Das Lachen

Geschafft, geschafft, schon wieder geschafft. Der Wagen stand endlich vorschriftsmäßig geparkt in der engen Lücke zwischen einem Passat und einem Ford.

Otto Hintenberger atmete erleichtert auf und wischte sich mit einem Papiertaschentuch den Schweiß von der Stirn. Dann schaltete er das Autoradio aus, während die letzten Verse des Schlagers in seinem Gehirn weiterdröhnten:

»Jetzt wird wieder in die Hände gespuckt, wir steigern das Bruttosozialprodukt.«

Otto Hintenbergers Hände waren tatsächlich naß, als ob er hineingespuckt hätte. Er trocknete auch seine Hände mit dem Papiertaschentuch, bevor er durch das Tor der Fabrik ging, um seinen Tag zu beginnen.

Hatte aber der Tag nicht schon längst begonnen, als es draußen noch dunkel war und der Wecker wie eine Sirene heulte? Ein Alptraum, eine Erinnerung an die Kindheit, als die richtigen Sirenen heulten. Zuflucht im Bunker, Städte in Trümmern. Aus diesen Trümmern war aber die Gegenwart gewachsen, die Gegenwart mit ihren Hochöfen, Fließbändern, Hochhäusern, Autobahnen und sterbenden Wäldern. Die Gegenwart mit ihrem Glanz, auf die Otto Hintenberger stolz war wie jeder andere auch.

Hoffentlich habe ich meine Frau auch nicht geweckt, war heute morgen sein erster Gedanke gewesen, als er hastig auf den Weckerknopf gedrückt hatte. Dann war er leise aufgestanden und auf Zehenspitzen ins Badezimmer geschlichen. Aber als er frisch gewaschen und rasiert aus dem Bad herauskam, hörte er seine Frau bereits in der Küche.

»Hab ich dich geweckt, Bärbel? Entschuldige.«

»Schon gut«, knurrte Bärbel nervös. Lockenwickler türmten sich wie ein Berg auf ihrem Kopf, ihr Gesicht sah ohne Make-up so blaß aus, als wäre sie krank. Sie kuschelte sich in ihren Morgenmantel, machte die Tür des Kühlschranks auf und fragte mit schläfrig-heiserer Stimme:

»Soll ich dir Frühstück machen?«

»Nein, danke. Ich habe keine Zeit.«

Otto Hintenberger stand immer unter Zeitdruck. Ja, so hatte sein Tag begonnen, dann die Fahrerei und der Nervenkampf im Stau. Jetzt war aber alles überstanden bis zur Heimfahrt am Feierabend.

Ja, ja, jetzt wird wieder in die Hände gespuckt.

Otto Hintenberger hätte sich jetzt sogar zufrieden fühlen können, als er mit herrischen Schritten durch die Fabrikhallen ging, wenn nicht die Schuhe so gedrückt hätten und der Knoten der Krawatte am Hals nicht so eng gewesen wäre.

Ich kriege keine Luft, dachte Otto Hintenberger, und als er sein Büro betrat, hatte er das Gefühl, jemand würde ihn erwürgen.

»Guten Morgen, Herr Hintenberger«, zwitscherten die Sekretärinnen im Chor und begrüßten ihren Chef, den Personalchef der Heindl-Chemie.

»Guten Morgen, Fräulein Stangl, guten Morgen, Frau Stark«, nickte er schnell, als er in den weißen Kittel schlüpfte. Dann begann er seine tägliche Inspektion.

Nein, nichts gegen die Türken. Immerhin beschäftigen wir mehr Türken als andere ausländische Arbeiter bei der Heindl-Chemie. Aus mehreren rationellen Gründen natürlich. Erstens trinken sie nicht, zweitens sind sie anspruchslos. Sie machen alles. Auch gegen geringen Lohn. Trotzdem sind sie dankbar und zufrieden. Na ja, Leistung gegen Leistung. Zwar wenig bezahlt, doch mit guter Währung.

Aber ein Türke ärgerte ihn, Otto Hintenberger, trotzdem, der Türke in der Verpackungsabteilung, der ständig grinste. Obwohl das kein provozierendes Grinsen war. Der Mann strahlte einfach. Und Otto Hintenberger bekam jedesmal Nervenkrämpfe, wenn er diesen Arbeiter in der Halle traf, der pfeifend und singend Medikamentenfläschchen verpackte und dessen Hände schneller als das Laufband waren.

Otto Hintenberger hatte sich immer wieder vorgenommen, diesen Mann anzusprechen. Endlich tat er das heute.

»Wie du heißen?«

»Ahmet, Herr Personalchef.«

»Ahmet was?«

»Ahmet Derin.«

»Seit wann du hier arbeiten?«

»Ich arbeite seit 14 Jahren in diesem Betrieb.«

»Du zufrieden sein?«

»Ja, ich bin sehr zufrieden.«

»Das merkt man wohl«, brummte Otto Hintenberger vor sich hin.

Das Band lief weiter, aber Ahmets Hände waren so schnell, daß er, bis das nächste Fläschchen kam, Zeit hatte, sich vom Band wegzudrehen, um Otto Hintenberger etwas zu fragen.

»Herr Personalchef, haben Sie am nächsten Samstag Zeit?«

»Ich? Wieso?«

»Ich würde Sie gerne einladen. Natürlich auch Ihre Gattin. Es ist das türkische Zuckerfest, wissen Sie, das Ende Ramadan gefeiert wird.«

Dann bückte er sich wieder über das Band, um das nächste Fläschchen zu verpacken, während er weitersprach:

»Wir machen eine kleine Feier. Es kommen auch andere Gäste. Wir würden uns sehr freuen, wenn Sie kommen könnten. Sie würden uns ehren.«

»Mal sehen«, murmelte Otto Hintenberger, »ich lasse Sie Bescheid wissen. Durch meine Sekretärin.«

Das akzentfreie und fehlerfreie Deutsch Ahmets hatte ihn gezwungen, von Du auf Sie umzuschalten.

»Ja«, nickte Ahmet, »ich erwarte Ihre Nachricht.«

Wieder ein halber Tag überstanden. Otto Hintenberger in der Betriebskantine. Er verschlang die Wurstsemmel, die nach nichts schmeckte. Er wußte nicht einmal, ob Ketchup oder Senf drin war. Es war ein komisches Gefühl in seinem Magen. Dennoch gab er ein gutes Beispiel ab, indem er von seiner miesen Stimmung nichts merken ließ und ein gleichgültig-ernstes Gesicht machte. Wie ein großer Held thronte er einsam auf seinem Stuhl am breiten Tisch in der Ecke: der Personalchef Otto Hintenberger, ein mustergültiger Deutscher.

Als einem mustergültigen Deutschen gelang es ihm natürlich auch, seinen Wagen aus der engen Parklücke wieder herauszubekommen. Mit schwitzenden Händen legte er den ersten Gang ein. Dann kurbelte er das Seitenfenster herunter, um etwas Luft zu bekommen, weil er das Gefühl nie loswurde, jemand würgte ihn an der Kehle. Nun fuhr er endlich nach Hause, noch einen Arbeitstag hatte er hinter sich gebracht, noch ein bißchen mehr war das Bruttosozialprodukt gesteigert worden.

Es war schon dunkel. Die Sonne war vor einigen Minuten in Schmutzwolken untergegangen. Am Himmel trieb zerfranstes Gewölk über die graue Stadt. Dröhnend und keuchend lag sie im letzten Abendlicht. Die Ampeln spielten verrückt. Grün-gelb-rot, grün-gelb-rot. An den Kreuzungen verkeilten sich die Autos, und Abgaswolken schwebten auf und nieder. Es gab schon wieder einen Stau.

»Verdammt noch mal«, zischte Otto Hintenberger durch die Zähne und steckte sich wieder eine Zigarette an und freute sich auf das kalte Bier, das zu Hause auf ihn wartete.

Nein, Otto Hintenberger war kein Trinker, auf keinen Fall. Er liebte nur den Gerstensaft, den er zwar regelmäßig, aber mäßig genoß, und er ärgerte sich deshalb sehr, daß er trotz seiner Vorsicht bei diesem Genuß schon längst so etwas wie einen Bierbauch bekommen hatte. Zuerst hatte er gedacht, daß die Hemden schuld waren, die nach jedem Wäschereibesuch enger wurden. Inzwischen wußte er den wahren Grund für sein Dickwerden, konnte aber trotzdem nicht auf das Bier verzichten, das ihm eine wohlige Ruhe einflößte.

»Herr Hintenberger, Ihre Kinder waren heute wieder so laut.«

Das war Frau Kögler, die Hausmeisterin.

»Was? Wieso?« stotterte Otto Hintenberger beim Eingang des Häuserblocks.

»Die Spielstunde für den Block A 18 ist von 15 bis 16 Uhr, aber ihre Kinder haben sie überzogen. Außerdem waren sie zu laut. Block B 17 hat sich beschwert.«

»Scheren Sie sich zum Teufel.«

Nein, das hatte Otto Hintenberger ihr natürlich nicht gesagt. Er meinte nur: »Ich regle das schon, Frau Kögler, beruhigen Sie sich, bitte.«

Bärbel war wieder im Morgenmantel, aber ohne Lockenwickler. Seidene Locken hingen um ihren Kopf, über ihre Schultern. Sie wirkte auch nicht mehr krank, sondern hübsch und gepflegt, weil sie nun geschminkt war.

»Wo bist du geblieben?«

»Ich bin wieder im Stau steckengeblieben.«

»So?«

»Was gibt's zu essen?«

»Nichts Besonderes. Wurst, Käse und Salat.«

»Ach, ich hätte solchen Appetit auf etwas Warmes.«

»Ich bin nicht nur Hausfrau und Mutter, sondern auch berufstätig, Otto. Ich kann mich nicht zerreißen. Ich bin doch keine Arbeitsmaschine und schon gar nicht deine Sklavin. Was erwartest du eigentlich von mir? Ein Festessen jeden Abend?«

»Schon gut, schon gut. War ja nicht so gemeint. Wo sind die Kinder eigentlich?«

»Die Kleinen schlafen schon, und wo sich Gerd und Gabi herumtreiben, habe ich keine blasse Ahnung.«

Gerd und Gabi... Schon seit Jahren sagten sie zu ihren Eltern nicht mehr Vati und Mutti, sondern Otto und Bärbel. Sie waren gerade 18 geworden und träumten schon davon, das Elternhaus zu verlassen. Daß Gerd seine Freundinnen wie seine Hemden wechselte, kümmerte Otto Hintenberger wenig. Aber daß auch Gabi sich ebenso viele Freiheiten erlaubte, störte Herrn Hintenberger sehr.

»Jetzt reicht's aber«, haute er mit der Faust auf den Tisch, »denen werde ich zeigen, wer der Herr im Haus ist.«

»Wäre auch höchste Zeit«, brummte Bärbel, während sie auf den Knopf des Fernsehers drückte.

Im Ersten: Alkohol und Rauschgiftsucht. Ist eine Heilung möglich?

Sie drückte auf den zweiten Knopf: Ehen vor Gericht. Immer mehr Scheidungen in der Bundesrepublik Deutschland.

Regionalprogramm: Hier ist der Wetterbericht vom Bayerischen Fernsehen: Weiterhin kalt und unfreundlich.

Sie drückte auf den vierten und fünften Knopf. Nur Zischen und Flimmern.

»Na so was«, staunte sie enttäuscht, »wir können Österreich 1 und 2 nicht empfangen. Ich muß morgen schleunigst den Fernsehdienst anrufen.«

»Ja, tu das, Bärbel«, stöhnte Herr Hintenberger, als er in eine Wurstsemmel biß, die wieder nach nichts schmeckte. Die einzige Freude war die braune Flasche, aus der die gelblich schäumende Flüssigkeit quoll, die wie Salbe auf Otto Hintenbergers Wunden war. Die Gerstensaft-Ruhe... Keine drückenden Schuhe mehr, auch kein Knoten am Hals. Die blaugestreifte Krawatte lag mit dem weißen Hemd auf dem Sessel neben dem Bett. Im Wäschereigeruch des Schlafanzugs frierend legte sich Otto Hintenberger in das Bett und zerwühlte, Wärme suchend, die harten Bettlaken. Dann streckte er die Hand nach Bärbel aus.

»Hör auf, Otto. Ich habe einen anstrengenden Tag hinter mir«, flüsterte sie und drehte sich weg. Auf ihrem Kopf türmte sich wieder eine Burg aus Lockenwicklern. Weiß schimmerte ihr eingecremtes Gesicht im fahlen Mondschein, der durch die Gardinen des Schlafzimmers drang.

Kurz nach Mitternacht drehte sich ein Schlüssel im Schloß der Wohnungstür, und Otto Hintenberger, der trotz des starken Schlaftrunks noch hellwach im Bett lag, spitzte die Ohren. War das Gerd oder Gabi? Er merkte, daß auch seine Frau aufgewacht war und ebenso die Ohren spitzte. Er wußte nicht warum, aber plötzlich fiel ihm der ständig lachende Türke in der Verpackungsabteilung ein, und er erzählte seiner Frau von der Einladung am Samstag.

»Was? An diesem Samstag? Sag mal, spinnst du, Otto? Du weißt doch, daß ich jeden zweiten Samstag mit meinen Freundinnen pokere. Außerdem fehlte es mir gerade noch, einen Türkenbesuch abzustatten.«

Sie lachte laut, sie lachte sich halb tot, ihr Körper beugte sich nach vorne und nach hinten, ihre Schultern zitterten. Schließlich beruhigte sie sich und sagte:

»Mir ist es völlig Wurscht, wie du deine Samstage gestaltest. Machen wir einen Kompromiß. Ich nehme Rolf mit zu meinen Freundinnen, und du nimmst Tina mit zu deinen Türken, ja?«

Noch ein Schlüssel drehte sich im Schloß der Wohnungstür, und Herr und Frau Hintenberger blickten sich erleichtert an.

Otto Hintenberger stand auf und ging in die Küche. Nach dem kärglichen Abendbrot hatte er wieder Hunger bekommen, starken Hunger.

»Hej, Otto«, rief ihm Gerd zu, der gerade eine Papiertüte auspackte, »willst du eine Hähnchenkeule, frisch vom Wienerwald?«

»Und Pommes dazu«, kicherte Gabi, die neben ihrem Zwillingsbruder stand.

»Wart ihr nicht zusammen weg?« fragte Otto Hintenberger die beiden.

»Eigentlich nicht«, kicherte Gabi wieder, »wir haben uns zufällig in der Küche getroffen.«

»Warum paßt du nicht auf deine Schwester auf?« fuhr Otto Hintenberger seinen großen Sohn an.

»Wieso?« zuckte der mit den Achseln, »ich bin doch nicht ihr Wächter.«

»Warum trägst du diesen blöden Ohrring? Du bist doch ein Mann. Und dieses komische Hemd steht dir gar nicht«, fuhr Otto Hintenberger fort.

»Hej, Mann«, fiel ihm Gerd in die Parade, »mach mal einen Punkt, gell? Ich suche mir meine Klamotten selber aus.«

Wenn Otto Hintenberger einen Brief diktierte, ging er in seinem Büro auf und ab, auch wenn der Brief sehr kurz war. Fräulein Stangl, die blonde Sekretärin, hörte ihm aufmerksam zu, dann ließ sie ihre schlanken Finger auf die Tasten springen und wiederholte jeden Satz mit ihrer sanft-gehorsamen Stimme wie ein Papagei:

Sehr geehrter Herr Derin, hiermit teile ich Ihnen mit...

Otto Hintenberger wußte nicht, warum er diese Einladung nicht abgelehnt hatte. Er stand am breiten Fenster seines Büros im achten Stock und betrachtete die Dunstwolken, die aus den Schornsteinen der Heindl-Chemie heraufqualmten und alles grauschwarz umhüllten, auch die Silhouette der Stadt mit den Rathaus- und Kirchtürmen. Vielleicht, dachte er, will ich nur dahinterkommen, warum er immer lacht. Vielleicht beneide ich ihn.

»Fertig?« fragte die Sekretärin.

Otto Hintenberger nickte.

»Adresse?« fragte die Sekretärin.

»Irgendwo im Westend«, begann Otto Hintenberger, dann meinte er aber: »Ach was, der Mann ist im Hause, Halle 5, Verpackungsabteilung, können Sie auch per Hauspost schicken.«

Herr Hintenberger steckte sich wieder eine Zigarette an, obwohl ihm das Rauchen immer weniger bekam. Krämpfe ballten sich in der Magengegend zusammen, die mit jedem Zug Nikotin nur noch stärker wurden. Dennoch rauchte er die Kippen bis an die Filter, wenn er morgens und abends im Stau steckte und tagsüber im Büro, wenn die Telefone unentwegt schrillten.

»Für Sie, Herr Personalchef.«

Streß war seine zweite Haut geworden.

»Was hast du heute gemacht, Bärbel?«

»Gearbeitet, was sonst? Ist das ein Betrieb bei uns in der Droge-
rie, sag ich dir, Otto, mir tun die Knochen weh. Am Nachmittag war
ich einkaufen. Ich war zuerst beim Großmarkt, weil die Tomaten
dort heute um 20 Pfennig billiger waren. Kartoffeln habe ich aber
vom DS geholt, da sind sie immer ein paar Pfennige billiger.«

»Gut. Waren die Fernsehleute da?«

»Ja. Gott sei Dank haben sie den Kasten repariert. Jetzt können
wir wieder die beiden österreichischen Programme empfangen.«

»Ist ja toll. Heute abend gibt's bei ORF 2 die Open-End-Diskus-
sion.«

»Ach nein, Otto, nicht schon wieder. Bei ORF 1 gibt's einen alten
deutschen Spielfilm, den ich so gerne sehen möchte. So geht das
wirklich nicht. Wir müssen uns unbedingt einen zweiten Apparat
anschaffen.«

Komische Gefühle überkamen ihn am Samstag. Jedenfalls freute
sich die kleine Tina auf den »Türkenbesuch«. Sie bombardierte ihre
Eltern mit Fragen: »Wie sehen die Türken aus?« oder »Haben die
einen fliegenden Teppich?«

»Darf ich mitkommen, Papa?« fragte Rolf, aber Bärbel schüttelte
den Kopf.

»Vati und ich, wir haben ausgemacht, daß du am Samstag mit mir
kommst. Tina geht mit Vati zu den Türken. Das ist Arbeitsteilung,
verstehst du?«

Komisch, dachte Otto Hintenberger, wir beschäftigen seit über
20 Jahren Türken in unserem Betrieb, und zum erstenmal werde
ich einen von ihnen am kommenden Samstag besuchen. Ausnahmsweise waren auch Gerd und Gabi am Tisch. Gerd war
schrecklich nervös, weil er am nächsten Tag eine Matheprobe
hatte. Auch Gabi wirkte nervös, als sie hastig und unruhig ihre
Suppe löffelte.

»Ich werde abgeholt«, erklärte sie, »so gegen neun. Warum
schaut ihr mich alle so blöd an?«

Angst vor Samstag? Oh, nein. Man trägt sein Scherflein zur
Völkerverständigung bei. Man muß doch als Personalchef mit
gutem Beispiel vorangehen. Ich habe nichts gegen Ausländer. Ich
besuche sie sogar.

Um Punkt vier Uhr am Nachmittag saß Otto Hintenberger in

seinem Kadett und schlug im Stadtplan nach. Wo war denn diese gottverdammte Dingsbumsstraße im Westend? Tina war ungeduldig.

»Papa, wir dürfen uns nicht verspäten.«

»Das dürfen wir schon, mein Schatz. Die Türken haben einen anderen Zeitbegriff als wir.«

»Haben die Türken denn keine Uhr?«

»Danke«, sagte Ahmet Derin, »daß Sie gekommen sind, Herr Personalchef. Wo ist Ihre Gattin?«

»Nun ja, sie ist verhindert. Aber ich habe meine kleine Tochter mitgebracht.«

»Danke, danke. Treten Sie ein.«

Und Otto Hintenberger trat ein in eine Welt, die ihm ganz fremd war. Die kleine Wohnung war mit großen Möbelstücken vollgestopft, dennoch vermittelte sie kein Engegefühl. Trotz der fröhlichen Farben wirkte die Einrichtung nicht kitschig. Bereits im Flur roch es nach – wonach wußte Otto Hintenberger nicht, aber es war ein angenehmer Geruch, vielleicht eine Mischung aus Rosen- und Zitronenwasser, Zimt und Nelken. Auch die unbekannte Musik, die aus dem Wohnzimmer drang, fand Otto Hintenberger so bunt wie alles in dieser kleinen Wohnung. Im Flur stapelten sich Zucker und Mehl in einem tiefen Regal. An der Wand hing ein Poster mit der Blauen Moschee und einem orangenen Sonnenuntergang im Hintergrund. Die Musik war so lebensfroh, daß Otto Hintenberger den Wunsch verspürte, sich zu den Tanzenden zu gesellen, die sich im kleinen Wohnzimmer mit flinken Bewegungen drehten und laut sangen: Bir mumdur, iki mumdur...

Das kleine Wohnzimmer war voll von Menschen. Türken, andere Ausländer und einige Deutsche. In einer Ecke des Zimmers stand ein großer, langer, gedeckter Tisch.

»Hier ist mein Ehrengast«, meldete Ahmet Derin stolz, »Herr Hintenberger, der Personalchef meiner Firma.«

»Hallo«, riefen einige der deutschen Gäste, die Türken und die anderen Ausländer aber standen auf und drückten Otto Hintenberger ehrerbietig die Hand.

Ahmet stellte vor:

»Mein Schwager Idris, mein Vetter Fehmi, unsere deutsche Nachbarin Frau Seidl, unser griechischer Nachbar Herr Kokinu, dessen

Sohn Manol, mein Kollege Ibrahim aus der Firma, den Sie sicher schon kennen, das ist meine Frau Kezban, das sind meine älteste Tochter Nermin und ihr Mann, meine Enkelinnen Güler und Güner, mein Sohn Salih, er ist 18 Jahre alt, meine zweitälteste Tochter Nevin, sie ist 17 ...«

Die Vorstellungsszene hätte vielleicht kein Ende genommen, wenn Salih, Ahmets ältester Sohn, auf ein Zeichen seiner Mutter hin nicht feierlich verkündet hätte:

»Liebe Gäste, darf ich Euch jetzt zu Tisch bitten?«

Nermin und Nevin servierten. »Was ist das?« fragte Otto Hintenberger einen deutschen Tischnachbarn.

»Reis, offenbar.«

»Und was ist alles darin?«

»Safran, Pistazien und ähnliches Zeug. Schmeckt köstlich. Haben Sie schon probiert?«

Dann fragte Herr Hintenberger neugierig einen türkischen Tischnachbarn: »Und das?«

»Hammelbraten.«

»Und die da?«

»Das sind gefüllte Teigrollen.«

Otto Hintenberger aß, und alles schmeckte ihm wunderbar trotz des fremden Geschmacks. Er aß und aß, als ob er in den letzten Tagen gehungert hätte. Zuerst hatte er seinen Teller nur halb gefüllt und mißtrauisch gedacht: Na ja, wenigstens etwas Warmes. Dann war er aber immer wieder aufgestanden, um seinen Teller nochmal und nochmal zu füllen.

Er fühlte sich wohl unter all diesen Menschen, und besonders gefiel ihm Nevin, die nur ein Jahr jünger war als seine Tochter Gabi. Sie war so anders, unbeschreiblich anders.

»Gefällt es dir in Deutschland, Nevin?«

»Ja, Herr Personalchef.«

»Was gefällt dir hier? Die Freiheit?«

»Mit der könnte ich nicht viel anfangen. Meine große Schwester hat geheiratet und hat schon zwei Kinder. Nun bin ich wohl dran.«

»Willst du überhaupt so früh heiraten?«

»Ich habe ja keine andere Wahl. Aber ich beklage mich nicht.«

Während Otto Hintenberger sich mit Nevin unterhielt, merkte er plötzlich, daß Tina nicht mehr im Zimmer war.

»Sie spielt mit Güler und Güner im Nebenzimmer«, sagte Frau

Derin. Sie mochte nicht viel älter als Bärbel sein, hatte aber schon graue Haare. Sie war nicht hübsch, aber es gab irgendetwas in ihrem Wesen, das sie anziehend machte, vielleicht die Wärme und die Ruhe, die sie ausstrahlte.

Wenn Ahmet Derin sich suchend umblickte, fragte sie sofort, was er wünsche.

»Brot? Salz?«

»Nein. Noch ein bißchen Hirtensalat hätte ich gern.«

»Ja, ja, sofort.«

Obwohl Otto Hintenberger sich immer noch nicht ganz satt fühlte, schob er endlich seinen Teller zur Seite und griff nach seinem Zigarettenpäckchen. Aus der Küche wehte bereits der warme Kaffeeduft.

»Ahmet, du bist doch glücklich bei uns, nicht wahr?«

Otto Hintenberger hatte wieder von Sie auf Du umgeschaltet, weil die freundliche Atmosphäre in der Derinschen Wohnung ihm keine andere Möglichkeit gelassen hatte.

»Ja, Herr Personalchef.«

»Und warum? Hast du den Streß bei uns manchmal nicht satt? Hast du nie Heimweh?«

»Oh ja, doch, Herr Personalchef. Aber wir haben doch eine Heimat, in die wir eines Tages zurückgehen werden. Dieser Traum gibt uns die Kraft, alles zu ertragen.«

»Papi«, rief die kleine Tina, die aus dem Nebenzimmer gelaufen kam, sie hielt eine Puppe in der Hand und schrie fröhlich: »Güler hat sie mir geschenkt.«

Erst in diesem Augenblick fiel Otto Hintenberger ein, daß er kein Geschenk mitgebracht hatte, daß er mit leeren Händen zu diesem Fest gekommen war.

»Dorthin werden wir einst zurückkehren, wo das Mittelmeer tobt«, fuhr Ahmet nachdenklich fort.

Draußen tobte der Verkehr. Es gab wieder einen Stau. Als Otto Hintenberger auf den Knopf des Autoradios drückte, bat die Servicewelle des Bayerischen Rundfunks die Autofahrer, wegen des zähflüssigen Verkehrs möglichst nicht über den Mittleren Ring zu fahren.

Tina, die brav neben ihrem Vater saß, drückte ihre neue Puppe fest an die Brust: »Besuchen wir am nächsten Samstag wieder die Türken, Papi?«

Wenigstens einen Blumenstrauß hätte ich mitbringen können, dachte Otto Hintenberger, einen gottverdammten Blumenstrauß für 5,90 DM.

Und warum habe ich keine Heimat, in die ich eines Tages zurückgehen kann, wenn ich hier alles satt habe. Wenn? Habe ich nicht jetzt schon...

Tinas helle Stimme riß ihn aus seiner Versunkenheit. »Ich werde meine Puppe Güler nennen. Güler hat sie mir ja geschenkt. Das bedeutet ›Lachen‹ auf Türkisch. Das habe ich heute gelernt.«

Lachen...

Wieder eine Ampel: grün-gelb-rot, und eine Kreuzung, an der sich ein zähflüssiger Strom aus lackiertem Metall dahinquälte. Stark bremsen und weiterfahren.

Lachen – war das nicht ein Fremdwort?

Das Fernrohr

»Nicht Löwänbräu, sondern Löwenbräu«, schrie Frau Denker aufgeregt, als sie die Aussprache ihres Mannes verbesserte. Ihre Augenbrauen waren wieder in die Höhe geschnellt.

»Sprich's doch wenigstens richtig aus, wenn es sich schon um deine Lieblingsmarke handelt.«

Herr Denker starrte traurig vor sich hin, ohne seiner Frau zu antworten.

Eigentlich hatte Frau Denker fast in keiner Hinsicht Schwierigkeiten mit ihrem Mann. Nicht einmal wegen seines Familiennamens. Sie konnte von Glück reden, daß er keinen langen und typisch ausländischen Namen hatte wie Kuzucuoglu oder Üzümcügil, sondern einen einfachen Namen, der zufällig auch ein deutscher Familienname hätte sein können. Deshalb fiel sie in der Nachbarschaft und im Büro auch nicht als die Frau eines Ausländers auf.

Auch die Kleidung und das Verhalten ihres Mannes verrieten dessen ausländische Herkunft nicht. Er trug oft einen Lodenanzug und war nicht patriarchalisch eingestellt. Er war völlig in die deutsche Gesellschaft integriert, er war die Integration in Person. Er sprach auch perfekt Deutsch. Nur selten produzierte ein zu offen ausgesprochenes »e« einen etwas fremden Akzent, wie heute zum Beispiel beim Sonntagsessen.

Die ganze Familie hockte in der Sitzecke der gemütlichen, weißblauen Wohnküche. Der Sauerbraten schmorte auf dem Herd. Dampf ließ die Deckel auf den Töpfen klirren.

Herr Denker und die Kinder versuchten zwar, Frau Denker in der Küche zu helfen. Sie hatte aber wieder einmal die Küche auf Hochglanz gebracht und wollte niemanden um sich haben, wenn sie vor dem Herd stand. Dennoch machte sie ein mürrisches Gesicht und ließ nervös die Schüssel klappern, als sie den Salat anmachte.

»Immer ich«, knurrte sie. »Obwohl ich die ganze Woche im Büro schufte, muß ich noch den ganzen Haushalt machen.«

Die schlechte Laune war aber meist nur von kurzer Dauer. Während des Essens würde sie wieder gesprächig werden, von ihren Erlebnissen im Büro erzählen, die Kollegen oder die Nachbarn durch den Kakao ziehen, dann den Kopf zurückwerfen und in schallendes Gelächter ausbrechen. Bald würde es bitter nach starkem Kaffee riechen, und Frau Denker würde die selbstgebackene Torte aus dem Küchenschrank holen, die Schokoladentorte, auf der sich ein Berg aus Schlagsahne türmte. Der Höhepunkt der Sonntage.

In Wirklichkeit war Süßes nicht Herr Denkers Geschmack. Eher liebte er scharfe Gerichte: gefüllt Paprikaschoten, stark gewürzt, eine Knoblauchzehe sollte auch dabei sein, eine nur, mehr nicht.

Nachts träumte er manchmal von Paprikaschoten und allen möglichen scharfen grünen Gemüsesorten. Pepperoni und Pfefferoni, seufzte er manchmal heimlich. Seine heimlichste Liebe galt aber dem Knoblauch, der leider im Denkerschen Haushalt Tabu war.

»Haben Sie nicht manchmal Heimweh?« fragte Herr Groß, der Nachbar aus dem nächsten Reihenhaus.

»Heimweh?« staunte Herr Denker und zuckte mit den Achseln.

»Sagen Sie mal, Herr Denker, es soll doch so schön sein bei Ihnen zu Haus. Kollegen von mir waren im Urlaub dort unten. Sie schwärmen für die kilometerlangen Sandküsten, die noch jungfräulich unberührt sein sollen, noch nicht vom Massentourismus zerstört. Wenn Sie eine so schöne Heimat haben, wie halten Sie es bei uns überhaupt aus?«

»Wieso?« staunte Herr Denker wieder, »es ist doch alles wunderbar hier. Die Straßen sind sauber, die Busse sind pünktlich. Die Menschen sind gepflegt, zuverlässig und auch pünktlich wie die Busse.«

Und er beherrschte sich und setzte seinen Satz nicht fort: »Aber ohne herzliche Wärme.«

Herr Denker schien seine Herkunft vergessen zu haben und sich in dem Land pudelwohl zu fühlen, in dem er seit 25 Jahren als Schweißer arbeitete. Traudl, seine Frau, hatte er vor 20 Jahren kennengelernt. Sein Aussehen hatte ihr so gut gefallen, daß sie sogleich bereit gewesen war, seine Herkunft zu vergessen.

»Ich werde aus ihm einen Deutschen machen«, hatte sie ihren

Eltern versprochen, die zuerst gegen diese Heirat gewesen waren. Sie hatte ihr Versprechen gehalten.

Tiefschwarze Haare mit dunkelblauem Schimmer und dunkelblaue Augen, in denen eine wehmütige Sehnsucht leuchtete. Sogar ihre Eltern hatte gestehen müssen, daß der ausländische Schwiegersohn ein prächtiger Kerl war. Schon seit 20 Jahren ein prächtiger deutscher Kerl. Ein Roboter mit chronischen Kopfschmerzen in Wirklichkeit, aber niemand kannte ihn so, weder die Familie noch die Nachbarschaft. Viele wußten nicht einmal, daß er ursprünglich ein Gastarbeiter gewesen war. Viele der Nachbarn, die sich nicht lange mit ihm unterhalten und deshalb nie seinen leichten Akzent bemerkt hatten, hätten sogar behauptet, Herr Denker sei ein Deutscher.

Gott sei Dank gab auch die knappe Kommunikation (»Grüß Gott, Herr Niggl« – »Grüß Gott, Herr Denker«, »Auf Wiedersehn, Herr Obermaier« – »Auf Wiedersehn, Herr Denker«) keinen Anlaß zum Zweifel.

Nun, Herr Denkers Kinder wußten zwar, daß er ein Ausländer war bzw. gewesen war, aber das störte sie fast nicht. In der Schule dachten die Lehrer und die Mitschüler, Lutz, Gitti und Kurt hätten einen deutschen Vater, da nichts Herrn Denker als Ausländer verriet. Weder der Familienname noch das Aussehen. Er war nicht dunkler als mancher Bayer oder Schwabe.

Bei Elternversammlungen war er stets anwesend und nahm fast akzentfrei an Gesprächen teil. Lutz, Gitti und Kurt waren sogar oft froh über ihren Vater, der in vieler Hinsicht viel besser war als die Väter ihrer Mitschüler. In bezug auf Taschengeld war er zum Beispiel sehr großzügig. Und wenn es nach ihm gegangen wäre, hätte er ihnen immer erlaubt, abends länger aufzubleiben. Frau Denker warf ihm aber vor, die Kinder zu verwöhnen.

»Fahren Sie nie im Urlaub in Ihre Heimat?« fragte ihn Herr Groß.

»Nein«, erwiderte Herr Denker ruhig, »im Urlaub fahren wir immer in die Berge.«

Auch die Kinder fuhren gerne in die Berge, ohne auf die kilometerlangen Sandstrände neugierig zu sein. Nur Kurt war etwas anders. Er schwärmte für diese Strände, ohne sie je gesehen zu haben. Kurt war das einzige Kind, bei dessen Geburt Herr Denker den Namen hatte selbst aussuchen dürfen. Als Frau Denker Lutz und Gitti auf die Welt gebracht hatte, hatte sie die Namen schon parat gehabt. »Mein seliger Großvater hat Ludwig geheißen, so soll mein erster Junge auch heißen«, hatte sie bestimmt. Sie lag in einem weißen Zimmer in einer weißen Klinik mit ätzendem Desinfektionsgeruch.

So war's auch bei Gittis Geburt: »Meine selige Großmutter hieß Brigitte.«

Als Herr Denker vor ihrem Bett stand, mit einem prächtigen Blumenstrauß in der Hand, hatte er mit einem wehmütigen Lächeln festgestellt, daß auch Gitti so hellblond war wie Lutz, obwohl die beiden seine Gesichtszüge hatten.

Ich setze offenbar nur deutsche Kinder in die Welt, hatte er gedacht. Bei Kurt war's aber anders gewesen. Erstens hatte Herr Denker seiner Frau verschwiegen, daß Kurt zufällig auch ein Wort in seiner Muttersprache war, das »Wolf« bedeutete. Deshalb hatte er, Herr Denker, dieses Kind um so mehr verwöhnt und dabei die Augenbrauen seiner Frau immer stärker in die Höhe schnellen lassen.

»Jetzt reicht's aber, noch nie etwas von Autorität gehört, was?«

Herr Denker liebte seine Frau. Allein deshalb hatte er sie geheiratet, nicht wegen der deutschen Staatsbürgerschaft, die er fünf Jahre nach der Eheschließung erhalten hatte.

Die strohblonden Locken, die hell schimmernde Gesichtshaut, die kleine spitze Nase und die hellblauen Augen mit den langen schwarzen Wimpern hatten ihm die Sprache verschlagen.

Traudl, ich dich so lieben, so lieben.

Wenn du mich wirklich liebst, lern zuerst richtig Deutsch. Er hatte es nicht fassen können, daß sie »ja« sagte, als er ihr bei dem ersten Stelldichein im Nymphenburger Schloßpark seinen Heiratsantrag machte.

»Schatz«, fing Herr Denker an, »für mich nur ein ganz dünnes Stück bitte«, als Frau Denker mit dem Messer an der Schokoladentorte hantierte. An der Küchenwand tickte eine große Uhr, die die Form einer Pfanne hatte. Und ein Regentag vor den Fenstern.

»Schon gut, Liebling«, entgegnete Frau Denker, »ich schätze dein kalorienbewußtes Ernährungsverhalten und bin dir deshalb nicht böse, daß du meine Sonntagstorte nicht unbedingt freundlich behandelst. Ach, was ich dich schon längst fragen wollte, im Familienalbum fehlen einige Fotos. Hast du zufällig eine Ahnung, wo die hingekommen sein könnten?«

»Nicht die geringste Ahnung«, antwortete Herr Denker, während er mit der Gabel auf seinem Teller herumkratzte.

»Merkwürdig«, murmelte Frau Denker vor sich hin.

Sie fand es wirklich sehr merkwürdig, daß ab und zu einiges aus ihrer Wohnung verschwand. Einmal war es eine Dose Nivea-Creme gewesen, einmal ein Fläschchen Parfüm, einmal sogar das Dampfbügeleisen, und es waren auch nicht die ersten Fotos, die im Familienalbum plötzlich fehlten. Sie fand es nicht nur merkwürdig, sondern ärgerte sich sehr darüber, daß auch ihr Mann ab und zu verschwand, immer nach dem Abendessen. Ein richtiges Verschwinden konnte man es eigentlich nicht nennen, denn sie wußte immer, wo er hinging. Auf den Dachboden. Er schloß dann die Speichertür hinter sich ab, und sie war immer sehr neugierig, was er dort wohl machte. Wenn er nicht zu Hause war, ging sie auf den Speicher, um herauszufinden, was ihn in der Dachkammer so faszinierte. Sie fand dort aber nichts außer altem Gerümpel und einigen Zigarettenkippen. Unter den alten Sachen stand auch ein Fernrohr, ein museumsreifes Stück aus dem vergangenen Jahrhundert, mit dem sie nichts anfangen konnte. Als sie geheiratet hatten, hatte Herr Denker das Fernrohr in die Wohnung gebracht. Da sie aber auch damals damit nichts anzufangen wußte, hatte sie es auf den Speicher transportiert.

»Er interessiert sich ja normalerweise nicht für Astronomie«, hatte sie gedacht, »und ich auch nicht.«

»Schätzchen, gehen wir nach dem Essen ein bißchen spazieren?«

»Ja, gerne, Traudl.«

Herr Denker liebte die Melancholie der Regennachmittage und die Spaziergänge, Sonntag für Sonntag.

»Lutz, Gitti, Kurt, zieht euch warm an, jetzt vertreten wir uns ein bißchen die Beine.«

»Ich komme nicht mit«, knurrte Lutz, »es gibt ein wichtiges Fußballspiel im Fernsehen.«

»Ich habe keine Lust, im Regen zu laufen«, maulte Gitti.

»Aber ich komme schon mit, Papi«, rief Kurt mit strahlenden Augen, und griff die große, knochige Hand seines Vaters.

Draußen pfiff der Wind über die Dächer. Naß glänzte das Ziegelrot. Einige hundert Meter nach den Reihenhäusern begann der Wald, der wie eine schwarze Mauer dastand. Zwischen hohen Baumkronen war ein Stück grauer Himmel mit Stahlwolken zu sehen. Der Regen floß Kurt durch die Haare, Tropfen rannen ihm in den Anorak, und trotzdem stieß er fröhliche Schreie aus, als er neben seinen Eltern durch den Baumtunnel hüpfte.

Das Abendbrot. Kalte Platte wie immer. Dünne Scheiben Schwarzbrot und Wurstaufschnitt. Kurt starrte auf das nachdenkliche Gesicht seines Vaters. Dann stand er so unauffällig wie möglich auf, und als er im Begriff war, auf leisen Sohlen die Wohnküche zu verlassen, blieb er wie angenagelt stehen.

»Kurt, wo gehst du hin?«

Das war Frau Denker.

»Hausaufgaben machen«, log er. Er log so ungern.

»Meinetwegen«, murmelte Frau Denker und befahl Lutz, ihr eine Scheibe vom gekochten Schinken zu geben. Er wird sowieso in einigen Minuten zum Speicher kommen, dachte Kurt, als er die Treppe hinaufkletterte. Ich verstecke mich dort, bevor er kommt und die Tür hinter sich abschließt.

In der Tat. Als er hinter einer Truhe zitternd hockte, hörte er die energischen Schritte seines Vaters. Dann ging die Tür der Dachkammer knarrend auf.

Herr Denker hatte eine Taschenlampe in der Hand. Riesige Schatten bewegten sich im matten Schimmer hin und her, und Kurt stockte der Atem vor Aufregung. Herr Denker stand vor dem Fernrohr und streichelte es. Dann bückte er sich über das Gerät und versuchte, die Sichtweite zu regulieren.

»Vater«, wollte Kurt schreien, »was machst du da?«

Aber ehe er sich getraut hatte, hinter der Truhe herauszukommen, war sein Vater verschwunden.

»Vater«, schrie er verzweifelt.

Die Taschenlampe lag noch mit ihrem fahlen Licht auf dem hölzernen Fußboden des Speichers.

»Vater, wo bist du?«

Eine Gänsehaut überzog ihn von oben bis unten. Er biß sich Löcher in die Lippen, um nicht zu weinen.

»Vater, was ist geschehen?«

»Nichts«, antwortete Herr Denker, der nun plötzlich wieder vor dem Fernrohr stand, »ich war nur kurz zuhause.«

Er drehte sich vom Fernrohr weg und kam auf Kurt zu. Nun stand er riesengroß neben ihm mit einem freudestrahlenden Gesicht, das Kurt gar nicht an ihm kannte.

»Aber was machst du hier, mein Junge?«

»Ich habe dir nachspioniert«, gestand Kurt schluchzend.

»Siehst du? Das hat man davon. Du zitterst ja. Komm, komm in meine Arme, leg deinen Kopf an meine Brust.«

Das Herz seines Vaters schlug voll und kräftig in der breiten Brust.

»Du bist zuhause gewesen, Papa?«

»Ja, mein Sohn.«

»Wie denn?«

»Durch das Fernrohr.«

»Durch das Fernrohr?«

»Komm, ich zeig dir was.«

Herr Denker brachte seinen Sohn vor die Öffnung des Rohrs, durch das Kurt zuerst eine graudunkle Leere sah, der aber sogleich die rauschende Fülle eines Bilderreichtums folgte. Die verschwenderische Vielfalt der Natur bezauberte Kurt. Eine duftende Wärme tropfte von den Dächern der kleinen Häuser. Dörfer wirkten ebenso ländlich wie prachtvoll in ihrem vielfarbigen Bilderschmuck, teils mit einsamen Platinstränden, teils mit dem Trubel und dem frohen Gedränge der Gassen, die von Arkaden überdacht waren. Alles war Kopfsteinpflaster, die Treppengäßchen und holprigen Wege, die zum Meer führten. Die kleinen Häuser glichen sich, alle mit weiß gestrichenen Fassaden und Gitterfenstern, von einer unbeschreiblichen Geranienpracht überwuchert. Vor einem dieser Häuschen saß eine alte Frau mit grauen Haaren und starrte nachdenklich vor sich hin. In der Hand hielt sie ein paar Fotos. »Das ist meine Mutter, deine Großmutter«, erklärte Herr Denker seinem Sohn, »sie betrachtet eure Fotos, die ich aus dem Familienalbum gestohlen habe. Sie findet, daß du mir sehr ähnlich siehst. Sie hat auch deine Mutter und Lutz und Gitti sehr gern, aber dich liebt sie am meisten.«

»Kannst du mich nicht mitnehmen, Papa, wenn du durch das Fernrohr schlüpfst?«

»Heute geht es nicht mehr. Man kann nur einmal am Tag durch das Fernrohr schlüpfen. Aber morgen vielleicht, wenn du mir versprichst, niemandem von diesem Geheimnis zu erzählen.«

»Ein Mann, ein Wort«, schwor Kurt mit pochendem Herzen. »Aber Papa, erzähl mir bitte, wie ist es möglich, ich meine, mit dem Fernrohr –«

»Das ist eine lange Geschichte«, unterbrach ihn Herr Denker und begann zu erzählen:

»In meinen ersten Deutschlandjahren, als ich noch kein Deutscher, sondern ein hilfloser Ausländer und Gastarbeiter war, ging ich an Wochenenden oft zum Flohmarkt. Erstens liebte ich diese bunte Atmosphäre, die mich an meine Heimat erinnerte, zweitens konnte ich dort günstig einkaufen, damals war ich ja arm wie eine Kirchenmaus. Eines Tages sah ich dort einen alten Mann, über dessen Schultern graue Haare wallten. Er hatte wildfunkelnde Augen und tausend Fältchen auf seinem Gesicht. Er wollte mir unbedingt ein Fernrohr verkaufen, ein uraltes Stück, mit dem ich nichts anzufangen wußte. Ich versuchte ihm klar zu machen, daß ich nichts von Astronomie verstand. Er aber behauptete, ich würde mit dem Fernrohr viel anfangen können, wenn ich den richtigen Dreh finden würde. Zwar hatte ich nicht verstanden, was er damit meinte, kaufte aber das Fernrohr trotzdem, um dem alten Mann die Freude zu machen. Dann kam ich in meine Bude im Gastarbeiterwohnheim und drehte und drehte am Fernrohr. Zuerst sah ich die schneebedeckten Alpen, dann die öde Balkanlandschaft, dann das Meer. Ich war so aufgeregt. Das Blut war mir siedend heiß ins Gesicht gestiegen, der Schweiß brach mir aus. Mit zitternden Händen drehte ich weiter, sah die vielen Arkadengäßchen am Strand, hörte das Schreien der Straßenhändler und die plaudernde Melodie der Wellen, und die Sehnsucht zerriß mir das Herz. Mühsam drehte ich weiter, da meine Hände ganz naß vor Schweiß waren, bis ich das Häuschen meiner Eltern fand. In diesem Augenblick wünschte ich mir so innig, durch das Fernrohr zu schlüpfen in die sehnsüchtige Fülle der Heimatbilder, die von einer ergreifenden Deutlichkeit waren. Da geschah es wie durch einen Zauberschlag: Ich war plötzlich im Schoß der Familie. Ich kann dir nicht beschreiben, wie glücklich wir alle waren. Ich verbrachte die Nacht dort. Als ich am nächsten Tag aufwachte, kreischte der bunte Hahn im Garten hell und schrill seinen Morgenruf. Oh je, dachte ich, wenn ich jetzt nicht in Deutschland bin, verliere ich meine Arbeit, und zitterte vor Angst. Da fand ich mich wieder in meiner Bude im Wohnheim vor dem Fernrohr.

Ach, mein Junge, wie wäre es möglich gewesen, ohne Heimweh in diesem Land zu leben, all die Jahre, wenn es das Fernrohr nicht gegeben hätte... Abend für Abend schlüpfe ich durch das Fernrohr in die Heimat, besuche meine Familie, bringe meinen Familienangehörigen Geschenke, sei es eine Dose Nivea-Creme, ein Fläschchen Parfüm oder ein Dampfbügeleisen und zeige ihnen eure Fotos. Sie haben euch alle lieb, ohne euch zu kennen.«

Herr Denkers Stimme bebte.

»Ich hab sie auch alle lieb«, rief der kleine Kurt, «gell, Papa, du hast mir versprochen, morgen nimmst du mich mit in unsere Heimat.«

»Ja, ja, schon«, nickte Herr Denker, »aber wie gesagt, es ist ein Geheimnis nur zwischen uns beiden. Niemand darf vom Fernrohr erfahren.«

»Klar«, flüsterte Kurt und legte seine Arme um den Hals seines Vaters. In der Nacht und am nächsten Tag in der Schule dachte er nur ans Fernrohr und freute sich riesig auf die Reise.

Die Kinder werden groß, dachte Frau Denker, als sie in ihrem Hobbyraum vor der Nähmaschine saß und ein neues Hemd für Lutz nähte. Ich finde es nicht richtig, daß alle drei in einem Zimmer schlafen. Gitti müßte ihr eigenes Zimmer haben. Die beiden Jungs können meinetwegen noch einige Jahre dasselbe Zimmer teilen. Den Hobbyraum könnte ich zwar Gitti geben. Was mache ich aber dann mit meiner Nähmaschine und dem Mangelbrett? Ach, ich könnte mir im Speicher einen Hobbyraum einrichten. Ja, ich suche mal einen Innenarchitekten auf. Zuerst müßte aber das ganze Gerümpel vom Speicher.

Noch eine Scheibe gekochten Schinken? Nein, danke. Dünne Scheiben Schwarzbrot, während knuspriges Weißbrot in den Öfen der Bäcker dampfte, in einem Dorf am Meer. Alles Kopfsteinpflaster, Treppengäßchen und gewölbte Durchgänge.

Herr Denker streckte die Hand aus, als ob er einen Rosmarinzweig ergreifen wollte, der, zwischen den Fingern zerrieben, ihm vollends das Gefühl geben würde, zuhause angekommen zu sein. Stattdessen hielt er aber das Senfglas in der Hand. Süßer Senf zur Weißwurst.

»Brauchst was, Liebling?«

»Nein, gar nichts, Schatz.«

Ungeduldig starrte Kurt auf das müde Gesicht seines Vaters, mit fragenden Blicken, wann sie endlich die Reise antreten würden.

»Ach ja«, bemerkte Frau Denker nebenbei, »was ich euch noch sagen wollte. Wir bauen in der Wohnung etwas um.«

»Ja?« fragte Herr Denker ohne Interesse, mit einem süßsauren Weißwurstbissen in seinem Mund.

»Der Speicher«, begann Frau Denker mit herrischer Stimme, »wird von nun an mein Hobbyraum sein, während –«

Während was?

»Nun ja, mein jetziger Hobbyraum wird Gittis Schlafzimmer sein.«

»Hurra«, schrie Gitti.

»Meinetwegen«, murmelte Lutz.

»Der Speicher ist bereits ausgeräumt«, berichtete Frau Denker, »all das alte Gerümpel hat heute ein Trödler abgeholt.«

Traudl, Traudl, ich dich so lieben, ich dich nix lieben.

Die eisige Anonymität der Bahnhöfe, die gellenden Pfiffe waren wie ein zauberhafter Ruf aus der Ferne.

Nein, nicht der völlig integrierte Ausländer und sein deutscher Sohn warteten am Bahnsteig 21 auf den Orientexpreß, sondern ein gewöhnlicher Gastarbeiter und sein Sprößling. Beide dunkelhaarig, schüchtern, unsicher, voller Heimweh, die Rückreise in die Heimat kaum erwarten könnend.

Der fliegende Zug

Stefan war so fröhlich, daß er alle Lieder, die er kannte, pfeifen wollte, als er vom Dorf zum Bauernhof radelte. Die Sonne drang durch den Morgennebel und funkelte durch die Tannenzweige. Das frische Grün der Wiesen war noch naß, der leichte Wind war mit Blumendüften geladen: Frühsommer in den Bergen.

Wie sehr hatte sich Stefan auf die Ferien gefreut, die Ferien bei seinem Onkel in Süddeutschland, auf das Dorf Birkenbach, auf den Bauernhof. Schon als kleines Kind war er immer gerne hierher gekommen, das tat er nun als großer Junge auch.

»Du bist nun ein großer Junge«, hatte sein Vater zu ihm vor der Reise gesagt, »immerhin bist du nun elf Jahre alt. Deshalb brauche ich dir keine langen Reden zu halten, wie du dich in den Ferien verhalten sollst.« Und seine Mutter hatte hinzugefügt: »Bleib nicht lange in der Sonne, schwimm nicht weit vom Ufer weg.« Usw., usf.

Birkenbach bedeutete immer Freiheit und Freude für Stefan. Aber diesen Sommer bedeutete Birkenbach mehr als das. Stefan wußte nicht genau, was das war.

Jeden Morgen radelte er vom Bauernhof seines Onkels in das Dorf, das direkt am See lag, um frische Semmeln für das Frühstück zu holen. Neben dem Lebensmittelgeschäft stand ein altes Haus. Und vor diesem Haus spielte ein Mädchen, das lange braune Haare und kohlschwarze Augen hatte. Stefan wagte zwar nicht, sie anzuschauen, wußte aber genau, daß auch sie sich freute, wenn er sein Rad vor das Lebensmittelgeschäft stellte und mit eiligen Schritten in den Laden ging. Das Mädchen war nur etwas jünger als Stefan. Sie muß neun oder zehn sein, schätzte er und wollte gerne wissen, wie sie hieß. Bis jetzt hatte er sich geniert, sie nach ihrem Namen zu fragen. Das war aber jetzt nicht mehr nötig. Heute morgen hatte er gehört, wie ihre Mutter sie gerufen hatte: Fidan.

Ein seltener Name, dachte Stefan, als er auf die Pedale seines Fahrrades drückte und der Wind in seinen hellblonden Haaren spielte, womöglich kein deutscher Name. Dann wiederholte er diesen Namen, der ihm wie ein Zauberwort klang: Fidan ... Fidan.

Beim Frühstück faßte er endlich Mut und fragte seinen Onkel, ob er ein Mädchen namens Fidan kenne. Onkel Josef zog die Augenbrauen in die Höhe, dann begann er laut zu lachen: »Du meinst wohl die kleine Türkin im Dorf. Ihr Vater arbeitet als Bäcker für den Lebensmittelhändler. Wahrlich, ein liebes Mädle.«

Türkin also. Eine türkische Familie im Dorf.

»Es gibt viele türkische und andere ausländische Familien in unserem Dorf«, warf Stefans Tante ein, »die meisten Männer und Frauen arbeiten bei der Süd-Chemie, manche wiederum sind anderweitig tätig. Wie Fidans Vater. Er ist ein guter Bäcker.«

Stefan kannte ausländische Kinder auch aus seiner Heimatstadt Norderhain. Das heißt, er kannte sie nicht. Er wußte nur, daß es sie gab. Er wußte nur, daß sowohl in den Pausen als auch im Unterricht die blonden und dunkelhaarigen Köpfe sich schnell voneinander trennten. Seine Eltern hatten ihm zwar niemals ausdrücklich verboten, mit ausländischen Kindern zu spielen, aber es war wie ein ungeschriebenes Gesetz. Obwohl Stefan jeden Tag mit ausländischen Kindern am Sportplatz, in der Schule, sogar in seiner Klasse zusammen war, hatte er nie engeren Kontakt zu ihnen gehabt. Nur von wenigen wußte er, wie sie hießen: Jannis, Giovanni, Dragan, Ahmet, aber das war auch alles.

Als er darüber nachdachte, unterbrach Tante Lisa seine Gedanken: »Die hatten's nicht leicht hier, unsere Ausländer. Für viele Dorfbewohner waren sie lange Zeit unerwünschte Gäste. Aber man gewöhnt sich allmählich an sie, zumal wenn man in einem so kleinen Ort zusammenlebt. Nun sind wir alle gute Nachbarn, würde ich meinen, gell?« Onkel Josef nickte, während er sich noch eine Tasse Kaffee einschenkte: »Ja, freilich. Am Samstag ist sogar eine Türkenhochzeit im Dorf, zu der wir herzlich eingeladen sind. Möchtest du mitkommen, Stefan?«

»Oh ja«, rief Stefan und hoffte innig, dort Fidan zu treffen.

»Es ist ja heute erst Dienstag«, stellte er dann fest und wußte nicht, wie er die Zeit bis Samstag verbringen sollte, die plötzlich sehr langsam verging. Ein kleiner Trost waren für ihn die morgendlichen Radtouren ins Dorf, die kurze Begegnung mit Fidan vor dem Lebensmittelgeschäft. Doch am Freitag wurde er sehr enttäuscht, als er sie nicht vor dem Laden traf.

Hoffentlich ist sie nicht krank, dachte er. Oder was viel schlimmer wäre: Wenn sie endgültig in ihre Heimat zurückgekehrt ist?

Obwohl es am Freitag die ganze Nacht geregnet hatte, schien nun die Sonne zwar etwas schüchtern durch die weiß-grauen Wolken, dafür aber genügend warm. Das Wirtshaus »Posthorn« im Dorf war mit rot-weißen Nelken und Luftballons geschmückt, die Blaskapelle war durch andere Musikanten ersetzt, die anders gekleidet waren und auch ganz anders spielten. Laute Paukenklänge erfüllten das ganze Dorf, es waren heiße Klänge, die das Blut in den Adern schneller kreisen ließen: Şen ola dügün, şen ola... Männer und Frauen sangen im Chor und tanzten zusammen, sie drehten sich in großen Kreisen, knieten zusammen nieder, berührten die Tanzfläche mit ihren Knien, sprangen dann hoch und winkten mit großen Taschentüchern. Blonde und dunkelhaarige Köpfe trennten sich nicht an den breiten Tischen des »Posthorn«. Julia, die vollschlanke Kellnerin im Dirndlkleid, trug heute nicht nur Bierkrüge, sondern auch Anisschnapsflaschen und schwitzte mehr denn je. Obwohl Stefan dieses bunte Durcheinander sehr gefiel, konnte er sich nicht richtig freuen. Fidan war noch nicht gekommen, wahrscheinlich war sie für immer weg. Dennoch gab Stefan die Hoffnung, sie hier zu treffen, nicht auf. Seine blauen Augen durchsuchten den Saal, während er nervös auf und ab ging. Dann sah er sie. Sie trug ein rosarotes Kleid mit Blumenmuster, schaute vergnügt den Tanzenden zu und sang murmelnd mit.

»Fidan«, wollte Stefan rufen, aber er brachte keinen Ton heraus. Er hatte einen trockenen Hals, und das Herz wollte ihm zerspringen. Langsam ging er auf sie zu. Er war so glücklich darüber, sie wiederzusehen, daß er seine Schüchternheit überwand und sie ansprach:

»Was wird hier gesungen?«

»Şen ola dügün, meinst du? Das heißt: Fröhlich soll die Hochzeit sein.«

»Şen heißt also fröhlich?«

»Ja. Du hast eine gute Aussprache. Wie heißt du?«

»Stefan. Und du?« fragte Stefan, obwohl er ihren Namen auswendig gelernt hatte.

Als sie ihm ihren Namen nannte, fragte er gleich nach dessen Bedeutung.

»Junger Baum«, erklärte sie.

»Junger Baum, hast du kein Heimweh?«

»Ja und nein.«

»Ja oder nein?«

»Beides. Deine Heimat ist wie meine Heimat. Ich lebe hier und spreche deine Sprache. Oft fühle ich mich hier wie zuhause. Und wenn ich manchmal doch Heimweh habe...«

»Was machst du dann?« unterbrach Stefan das Mädchen.

»Dann fahre ich einfach nach Hause.«

»Einfach so? Wie denn?«

»Mit dem Zug. Ich gehe zum Zug und sage zum Schaffner: Einmal Heimat, hin und zurück. Dann bin ich im Nu in meiner Heimat.«

»Das gibt es doch nicht«, rief Stefan. »Die Zugfahrt müßte mindestens drei Tage dauern. Dann, dann gibt es doch die Grenzen. Kufstein oder Villach, was weiß ich.«

»Mein Zug kennt keine Grenzen«, antwortete sie mit einer sanften Stimme. Sie glich den Feen in Stefans Märchenbüchern. »Und die Fahrt«, fuhr sie fort, »dauert höchstens drei Stunden hin und zurück.«

»Das ist doch nicht möglich«, widersprach Stefan.

»Glaubst du mir nicht?«

»Nein, das heißt doch, ach, ich weiß nicht.«

»Komm, ich zeige dir meinen Zug. Es ist ein fliegender Zug.«

Niemand hatte gemerkt, daß die beiden Kinder den bunt geschmückten Hochzeitssaal verlassen hatten. Fidan führte Stefan am Maibaum in der Dorfmitte vorbei zum alten Bahnhof, der seit Inbetriebnahme des neuen Eisenbahnnetzes stillgelegt war.

Am alten Bahnhof Birkenbach, der seit Jahren wie eine Ruine aussah, stand noch ein uralter Waggon aus Holz.

»Das soll der fliegende Zug sein?« rief Stefan neugierig.

»Jawohl«, antwortete Fidan stolz und begrüßte dann jemanden freundlich: »Grüß Gott.«

Da Stefan niemanden gesehen hatte, blickte er sich mißtrauisch um und fuhr zusammen, als er jemanden antworten hörte: »Grüß Gott.«

Nun sah auch er den Schaffner. Er war ein älterer Mann mit einem buschigen, grauen Schnurrbart, der eine dunkelblaue Uniform trug.

»Zweimal Heimat hin und zurück«, sagte Fidan zum Schaffner.
»Hier, bitte schön.«

Eine der Karten drückte Fidan Stefan in die Hand.

Im Zug war es heiß. Es roch nach morschem Holz. Sobald die beiden Kinder eingestiegen waren, begannen sich die Räder zu bewegen. Zuerst langsam, dann schneller und noch schneller. Die grüne Landschaft mit Wäldern, Seen und Wiesen flog an den staubigen Fensterscheiben vorbei. Der fliegende Zug kümmerte sich nicht um die Schranken an Grenzübergängen und die uniformierten Grenzpolizisten. Nach einigen Minuten war alles überstanden. Stefan, der mit pochendem Herzen am Fenster stand, sah plötzlich das Meer, das in blauen Farbtönen wie Diamanten schillerte.

»Meine Heimatstadt«, erklärte Fidan aufgeregt.

Hand in Hand stiegen Stefan und Fidan aus dem Zug.

Sie gingen barfuß auf weißen Kieselsteinen. Murmelnd streichelten sanfte Wellen ihre Beine. Die Sonne stand am Himmel wie ein orangener Feuerball, unzählige Fischerboote waren auf dem Meer. Kinder spielten am silbernen Strand, zu denen sich auch Fidan und Stefan gesellten. Sie sammelten Austern, und Stefan merkte plötzlich, daß er, obwohl er ihre Sprache nicht konnte, sich mit ihnen verständigen konnte. Alle wollten Fidan und Stefan einladen. Sie verließen zusammen den Strand und gingen über den Marktplatz. Aufmerksam betrachtete Stefan die winzigen Läden, aus denen Düfte strömten, die er nie gerochen hatte. Säcke waren mit den verschiedenartigsten Gewürzen gefüllt, auf hölzernen Tabletts leuchteten Früchte, deren Namen Stefan nicht kannte. Lachend schaute er den Marktschreiern zu. Einer schenkte ihm einen großen, glutroten Apfel.

»Was für ein schöner Apfel«, rief Stefan, der Marktschreier aber sagte, daß das kein Apfel sei, sondern ein Granatapfel.

»Ich habe noch nie so was gegessen«, sagte Stefan und bedankte sich herzlich.

Hinter dem Marktplatz begann eine enge Gasse mit kleinen, weißgestrichenen Häusern. Hier wohnten die meisten Kinder. Auch ihre Eltern waren lieb und gastfreundlich. Trotz ihrer Armut waren die Menschen so fröhlich.

Als die Sonne langsam im Meer versank, begannen aus allen Fischerlokalen Lieder zu ertönen, die den Hochzeitsliedern in Birkenbach ähnelten. Und auch hier tanzten die Menschen ähnlich, drehten sich in großen Kreisen und wurden nie müde. Nie müde ... Aber müde waren die Räder des fliegenden Zuges. Wie durch einen Zauberschlag verschwanden die Minarette der perlmutternen Moscheen, das Meer löste sich in Lichtkreisen auf.

»Endstation«, rief der Schaffner, der plötzlich wieder aufgetaucht war. »Deutschland, Birkenbach!« Dann verschwand auch er.

Stefan, der noch immer am Zugfenster stand, rieb sich die Augen und sah, daß die Minarette sich in Kirchtürme verwandelt hatten. Dort, wo vor einigen Sekunden noch das Meer gelegen hatte, erstreckten sich jetzt die endlosen Wiesen von Birkenbach. Statt der Fischerboote standen da die spiegelglatten Häuser des Dorfes mit ihren spitzen Dächern.

Aber, Gott sei Dank, war Fidan noch da, sie stand neben Stefan und schaute ihn erwartungsvoll an: »Wie hat dir die Fahrt gefallen?«

»Es war, es war einfach wunderbar. Es war das schönste Erlebnis meines Lebens«, flüsterte Stefan wie im Traum.

»Nun muß ich ins Dorf zurück«, sagte Fidan, »sonst machen sich meine Eltern Sorgen um mich. Immerhin sind wir seit drei Stunden unterwegs.«

»Danke, junger Baum. Ich werde den fliegenden Zug und vor allem dich sehr vermissen, wenn die Ferien zu Ende sind und ich zurück muß.«

»Du kannst auch einen fliegenden Zug haben, wenn du willst. Du mußt es nur wollen«, warf das Mädchen ein, während sie ausstiegen.

Draußen war es etwas kühler geworden. Matt glänzten die letzten Sonnenstrahlen auf den kupfergrünen Zwiebeltürmen.

»Geht es auch ohne dich?« fragte Stefan aufgeregt, »läßt mich der Schaffner rein, wenn ich ›einmal Heimat hin und zurück‹ sage?«

»Warum nicht? Meine Heimat ist deine Heimat, wie deine Heimat auch meine ist. Es gibt keine Grenzen. Wir Kinder können oder könnten«, fuhr Fidan mit betrübter Stimme fort, »die Schranken brechen, wenn wir es nur wollten.«

»Ja«, rief Stefan, »okay. Aber ich habe dich nicht mehr, wenn ich wieder in Norderhain bin.«

»Wir können uns ja schreiben«, tröstete ihn Fidan, »und nächsten Sommer treffen wir uns wieder. Wir werden uns niemals verlieren.«

»Versprichst du es mir, junger Baum?« wollte Stefan wissen.

Fidan nickte und gab ihm die Hand, dann drehte sie sich um und verschwand in der Abenddämmerung, die leise über Birkenbachs Wiesen und Felder herabsank.

Im »Posthorn« war die Hochzeitsgesellschaft schon auseinandergegangen. Auch Onkel Josef und Tante Lisa waren nach Hause gefahren. Nur die letzten Gäste saßen am großen runden Tisch beim Eingang und sprachen davon, daß der Tag sehr schön gewesen war. »Schön?« lachte Stefan, »es war der schönste Tag meines Lebens.« Er radelte zum Bauernhof. Der bleiche Mond, der über den Tannenzweigen hing, erhellte den steilen Fahrweg.

Es war kein Traum, bestätigte sich Stefan und war überzeugt, daß er den Granatapfel oder eine Auster finden würde, wenn er jetzt anhalten und in seinen Taschen suchen würde.

Den fliegenden Zug werde ich mir in Norderhain selbst bauen, schwor er sich, während der Wind seine heißen Wangen leicht berührte. Es war ein angenehmes Gefühl. Noch kräftiger drückte er auf die Pedale seines Fahrrads, er war fast schneller als der Wind. Ich werde mir den fliegenden Zug selbst bauen, versprach er, am Sportplatz, in der Schule, in meiner Klasse, überall. Und jeder wird mitfahren dürfen. Jeder... Nicht nur Jürgen, Sabine, Renate und Klaus, sondern auch Ahmet, Ali, Dilek, Jannis, Giovanni, Dragan, Murat, alle. Der fliegende Zug kennt keine Grenzen.

Das Klassenfest

Die Feenkönigin saß in ihrer Wolkenburg an einem breiten Schreibtisch und blätterte nachdenklich in einigen Akten. Auf der Erde gab es wieder eine Aufgabe zu lösen, und die Feenkönigin wußte nicht, welche Fee sie damit beauftragen sollte. An ihrer Wolkenburg ritt gerade der Wind auf fliegenden Pferden vorbei, vor ihrem Fenster sah sie die Sterne in einem Goldnebel.

Die Feenkönigin streichelte ihren Zauberstab, der auf ihrem Schreibtisch lag, schlug die Arme übereinander und lehnte sich in ihren Sessel zurück.

Welche Fee? fragte sie sich.

»Das gibt's doch nicht, das darf doch nicht wahr sein«, rief Frau Kunt, Beates Mutter, bei der Elternversammlung. »Es gibt fast mehr türkische als deutsche Kinder in den Klassen. Da die Lehrer sich mit den türkischen Kindern intensiver beschäftigen müssen, haben sie immer weniger Zeit für unsere Kinder. Dadurch sinkt das Niveau der Schulbildung. Warum gehen die Türken eigentlich nicht in ihre Heimat zurück?«

Herr Becker, der Mathematiklehrer, nickte heftig mit einem hellen, gütigen Blick. Es war eine Gebärde des Verstehens und Mitleidens.

»Aber«, protestierte Herr Kartal, Murats Vater, »Deutschland ist Murats Heimat. Er ist hier geboren, er wächst hier auf.«

Nach diesen Worten füllte lautes Gemurmel den Saal.

»Meine Damen und Herren«, rief Herr Schulz, der Schulrektor, »aber ich bitte Sie, seien Sie etwas still.«

Frau Lehmann, die Deutschlehrerin, schob ihre Brille zurecht und ließ ihre mißtrauischen Blicke durch den Saal schweifen.

»Es ist aber eine Tatsache«, sagte Frau Lehmann dann, »daß die türkischen Kinder für uns zu einem großen Problem geworden sind.«

Einige ihrer Kollegen und manche deutsche Eltern nickten bestätigend.

Beate und Murat, beide neun Jahre alt, besuchten nicht nur dieselbe Klasse, sondern wohnten sogar im selben Mietshaus im Arbeiterviertel der Stadt K. Beate hatte lange, blonde Zöpfe und ein niedliches, rundes Gesicht mit roten Wangen. Murat war ein lebhafter Bub mit kohlschwarzen Locken und hellbraunen Augen. Obwohl sie den gleichen Schulweg hatten, gingen sie nicht gemeinsam in die Schule. In der Klasse saßen sie auch nicht nebeneinander. Murat saß mit anderen türkischen Kindern in der mittleren Reihe, Beate teilte die Schulbank vorne rechts mit ihrer Freundin Angela. Sie sprach nicht einmal mit Murat und auch nicht mit anderen türkischen Kindern. Aber das war nicht nur eine Angewohnheit von Beate. Auch die anderen deutschen Kinder taten das. Da ihnen nichts anderes übrig blieb, blieben auch die türkischen Kinder unter sich und hatten keine Gelegenheit, besser Deutsch zu lernen.

Einige Tage nach der Elternversammlung, es war ein Sonntag, saß die Familie Kartal am Frühstückstisch, und Herr Kartal erinnerte seine Frau: »In einigen Wochen ist das Opferfest. Wir müssen allmählich die Glückwunschkarten kaufen.«

»Ach«, seufzte Frau Kartal mit trüben Augen, »könnten wir doch während der Festtage zuhause sein. Zuhause ist das Opferfest viel schöner.«

Sie bedauerte sehr, daß ihr Mann dieses Jahr während des Opferfestes keinen Urlaub bekam. In der Fremde waren ja die eigenen Feste keine richtigen Feste. Man ging zur Arbeit, die Kinder gingen zur Schule, es war nichts Festliches. Nur am Abend oder am Wochenende darauf besuchten sich die türkischen Nachbarn, um das glanzlose Fest wenigstens einigermaßen nachzufeiern. Aber letztes Jahr war die Familie Kartal während des Festes zuhause gewesen. Es war das erste richtige Opferfest, das Murat erlebt hatte. Er träumte heute noch von buntgeschmückten Opferlämmern, von farbenfrohen Volkstänzen und Paukenklängen, von dem Festessen mit den Verwandten und den vielen Geschenken... Murats Gesicht nahm einen traurigen Gesichtsausdruck an. Heiße Tränen perlten in seinen Augen.

»Schade«, murmelte er vor sich hin, »das Opferfest wird also dieses Jahr kein richtiges Fest für uns.«

Die Feenkönigin atmete erleichtert auf. Sie hatte sich entschlossen, welche Fee sie nach K. schicken würde. Regina war eine der jüngsten Feen und bis jetzt mit keiner Aufgabe beauftragt worden. Die Feenkönigin wollte ihr eine Chance geben.

Sie klatschte dreimal in die Hände und rief dabei Reginas Namen. Im Nu stand die junge Fee vor ihr. Die Feenkönigin sah sie mit einem prüfenden Blick an.

So jung und so hübsch, dachte sie.

Das goldblonde, wellige Haar wallte über die schmalen Schultern bis zu den Fersen hinab. Die großen, dunkelblauen Augen leuchteten wie Saphire auf der weißschimmernden Gesichtshaut.

Regina trug ein langes, seidenes Feenkleid mit Flügeln. In der Hand hielt sie den Zauberstab. Ehrerbietig verbeugte sie sich vor der Feenkönigin:

»Ihre Majestät wünschen?«

»Meine Tochter«, begann die Feenkönigin mit zarter Stimme, »wärest du bereit, eine Aufgabe auf Erden zu übernehmen?«

»Oh ja, gerne, Majestät«, antwortete Regina mit glockenreiner Stimme.

Die Feenkönigin, die einen forschenden Blick auf Regina gerichtet hatte, senkte die Stimme und beugte sich zu ihr hinüber:

»Das ist aber keine leichte Aufgabe. Vor allem müßtest du dich für einige Zeit in einen Menschen verwandeln und auch wie ein Mensch leben. Du mußt aber wissen, daß das Leben der Menschen anders als unseres ist. Der Mensch bekommt Hunger und Durst und muß regelmäßig etwas essen und trinken. Der Mensch kann krank werden und Schmerzen haben, und er kann keine Wunder vollbringen. Wenn du also in Schwierigkeiten bist, kannst du dir nicht mit Zauberformeln oder mit dem Zauberstab helfen. Du mußt alles ertragen, und das ist hart.«

»Ich bin mit allem einverstanden«, sagte Regina schnell, »oh bitte, bitte, geben Sie mir diese Chance, Ihre Majestät.«

»Nun ja«, lächelte die Feenkönigin, »du mußt dann aber auch ein menschliches Aussehen haben. Die Flügel werde ich dir deshalb wegnehmen.«

»Wie komme ich dann auf die Erde?« fragte Regina aufgeregt.

»Ich habe mit dem Wind gesprochen«, antwortete die Feenköni-gin, »er wird dich mit seinen fliegenden Pferden auf die Erde bringen. Und noch etwas, mein Kind. Deine schönen Haare müssen ganz kurz geschnitten werden.«

Nach diesen Erklärungen gab die Feenkönigin Regina einige Papiere, während sie die junge Fee über die Einzelheiten infor-mierte:

»Du bist Lehrerin in der Refendarzeit. Du gehst in das Land auf der Erde, das Deutschland heißt, und zwar in die Stadt K. Du hast in A. studiert und während des Studiums auch Türkisch gelernt. Das ist der Grund, warum das Ministerium dich in diese Stadt schickt. In deiner Schule gibt es nämlich fast mehr türkische als deutsche Kinder. Hier hast du das behördliche Schreiben vom Bayerischen Kultusministerium, das du dem Schulrektor Schulz vorlegen wirst. In K. hast du bereits eine Wohnung in der Alpen-straße mit einem kleinen Balkon und einem schönen Blick auf die Berge. Die Wohnung ist allerdings recht klein. Es ist ein Einzim-mer-Appartement mit Kochnische. Du wirst unsere Wolkenburg vermissen.«

Regina war so aufgeregt, weil sie nun endlich ihre erste Aufgabe auf Erden bekommen hatte. Noch ein letztes Mal richtete die Feen-königin prüfende Blicke auf sie und berührte sie mit ihrem Zau-berstab. Dann führte sie die junge Fee vor den großen Spiegel an der Wand ihres Arbeitszimmers.

»Ihre Majestät«, flüsterte Regina, »bin ich das wirklich?« Aus dem Spiegel sah sie eine jungen Lehrerin mit kurzen Haaren in einem schlichten, sportlichen Kostüm an. Sie trug Schuhe mit flachen Ab-sätzen, an ihrem Arm hing eine große, braunen Ledertasche.

»Von nun an heißt du Regina Weber«, sagte die Feenkönigin. »Ich wünsche dir viel Glück auf der Reise.«

Bevor Regina die Feenkönigin umarmen konnte, holte sie der Wind aus dem Fenster und setzte sie auf ein weißgeflügeltes Pferd, das durch die Wolken zu traben begann. Die Zügel rutschten durch Reginas Finger. Plötzlich wurden ihre Finger naß. Vor lauter Auf-regung war Regina der Schweiß ausgebrochen.

Schwitzen, dachte sie, das ist wohl auch eine menschliche Eigen-schaft wie Hunger oder Durst.

Wie auf einem wogenden Meer ritt sie durch goldtönende Sternenhaufen an der Mondsichel vorbei. Nun schwebte ihr Pferd mit rasender Geschwindigkeit auf die Erde hinunter, und Regina ergriff ein Schwindel, den sie bis jetzt nicht gekannt hatte.

Sie machte die Augen fest zu. Als sie sie wieder öffnete, stand sie auf einer grünen Wiese. Das fliegende Pferd war verschwunden. Leise strich der Wind durch die duftenden Grasblüten. Regina wollte sich bei dem Wind für das Mitnehmen bedanken, aber sie kannte plötzlich die Sprache des Windes nicht mehr und verstand auch nicht mehr die Sprache der Wolken. Stattdessen sprach sie zwei menschliche Sprachen, die eine als Muttersprache, die andere als gelernte Fremdsprache: Deutsch und Türkisch. Neugierig blickte sie um sich. Hinter Drahtzäunen weideten Kühe. Frauen in bunten Trachten schleppten Milchkrüge durch die Gegend. In der Ferne ragten schöne Zwiebeltürme über die spitzen Dächer der Stadt. Noch weiter entfernt glänzten bläuliche Bergspitzen in der matten Frühlingssonne.

Plötzlich hatte Regina ein Gefühl im Magen, das ihr fremd war.

Das wird Schmerz sein, dachte sie, womöglich Hunger.

Sie schnalzte mit den Fingern, um einen Milchkrug zu sich wandern zu lassen. Doch keiner der Krüge bewegte sich von der Stelle.

Nachdem Regina nochmals vergeblich versucht hatte, einen Milchkrug durch Zaubern zu bekommen, ging sie zu einer Bäuerin und bat um etwas Milch.

»Das macht drei Mark achtzig«, sagte die Bäuerin.

»Was macht das? Was ist das?« staunte Regina.

»Na, das Geld«, antwortete die Bäuerin.

Geld, fragte sich Regina, was ist das? Die Feenkönigin hatte nichts davon gesagt. Als sie aber in ihrer großen Tasche kramte, fand sie das, wovon die Bäuerin sprach. Während sie bezahlte, erkundigte sie sich bei ihr, wie sie zur Stadt finden könne.

Regina Weber, der jungen Referendarin, pochte das Herz, als sie das erste Mal ihre Klasse betrat, so aufgeregt war sie. Neben ihr stand Frau Lehmann, die Klassenlehrerin.

»Guten Morgen, Kinder«, begrüßte Regina Weber die Kleinen, die mit großen, neugierigen Blicken auf sie starrten.

Das erste, was Regina auffiel, war die Sitzordnung.

»Wir machen jetzt ein Spiel«, sagte sie. »Jeder schreibt mir seinen Namen auf einen Zettel. Ich werde dann die Zettel zusammenwürfeln und jeweils zwei Namen ziehen. Diese Kinder sitzen dann nebeneinander.«

»Das geht doch nicht«, rief Frau Lehmann. »Fräulein Weber, Sie bringen mir die ganze Sitzordnung durcheinander.«

Aber die Kinder schrieben schon ihre Namen auf Zettel, die Regina in Murats Wollmütze sammelte. Dann begann die Ziehung, die den Kindern großen Spaß machte. Jedes Kind wartete aufgeregt darauf, bis sein Name vorgelesen wurde. So setzte sich Ulrike neben Güler, Beate neben Murat, Orhan neben Marianne, Füsun neben Maxl und so weiter. Mit hochgezogenen Augenbrauen schaute Frau Lehmann mißtrauisch dem turbulenten Spiel zu. Als alle Kinder endlich auf ihren neuen Plätzen saßen, rief sie:

»Jetzt aber genug, Kinder. Wir schreiben heute einen Aufsatz.«

»Muß das sein?« knurrte Maxl.

Als ihn Frau Lehmann mit einem finsteren Blick durchbohrte, senkte er den Kopf, und Frau Lehmann fuhr fort: »Das Thema lautet ›Streit‹. Schreibt alles, was euch zu diesem Thema einfällt.«

Während die Kinder schrieben, führten Frau Lehmann und Fräulein Weber ein Gespräch im Flüsterton

»So ein Spiel dürfen Sie nie wieder spielen«, sagte Frau Lehmann, und Regina nickte: »Ist ja auch nicht mehr nötig. Jedes Kind sitzt nun auf seinem richtigen Platz.«

»Nun ja«, murmelte die Klassenlehrerin, »und noch etwas: Sie müssen autoritär sein. Ach, Sie werden in diesem Beruf noch viel lernen müssen.«

Nach einer halben Stunde waren die Aufsätze fertig. Frau Lehmann befahl Rudi, seinen Aufsatz vorzulesen.

»Gestern habe ich im Schulhof gesehen, wie ein Türkenkind meinen Freund Thomas verprügelt hat«, begann Rudi.

»Der könnte aber auch ein Italiener gewesen sein«, warf Rosi ein, »diese Schlägerei habe ich auch gesehen. Der Bub hatte dunkle Haare.«

»So dunkel war er auch wieder nicht«, rief Maxl von hinten.

»Er war ein Jugoslawe«, bestätigten ihn Erich und Klaus.

»Aufhören«, befahl Frau Lehmann, »lies weiter, Rudi.«

Regina Weber aber meinte, daß man am besten zuerst Thomas fragen sollte, mit wem er sich gestern geprügelt hatte, bevor Rudi weiterlas.

»Das war der dicke Sepp mit den Sommersprossen von der 5-A«, knurrte Thomas vor sich hin, und ein Gelächter erhob sich in der Klasse, so daß Frau Lehmann einige Male heftig mit dem Lineal auf das Pult schlagen mußte:

»Aufhören, aufhören, zum Kuckuck nochmal! Ruhe!«

Als sie in der Pause unterwegs zum Lehrerzimmer waren, richtete Frau Lehmann einen vorwurfsvollen Blick auf Regina: »Sie bringen mir das ganze Konzept durcheinander. Also, so geht das wirklich nicht, Fräulein Weber.«

Auch im Lehrerzimmer saßen die deutschen und türkischen Kollegen getrennt. Regina Weber, die von ihren Türkischkenntnissen Gebrauch machen wollte, setzte sich an den Tisch der türkischen Kollegen. Nach den Begrüßungsworten, die Regina schüchtern in etwas gebrochenem Türkisch sprach, überwand sie ihre Scheu und unterhielt sich wunderbar mit den türkischen Kollegen.

Nach der Pause sprach sie Herr Becker, der Mathematiklehrer, auf dem Gang an: »Warum setzen Sie sich nicht zu uns, Fräulein Weber? Die türkischen Kollegen bleiben lieber unter sich.«

»Den Eindruck hatte ich nicht«, äußerte sich Regina, »sie haben sich sehr gefreut, daß ich mich mit ihnen in ihrer Muttersprache unterhalten habe.«

»Na ja«, lachte Herr Becker, »heutzutage sind Türkischkenntnisse in unserem Beruf sehr gefragt. Die jüngeren Kollegen kommen bereits mit Türkischkenntnissen zum Referendardienst. Für unsereins ist es aber zu spät, eine neue Fremdsprache zu lernen.«

»Es ist nie zu spät«, flüsterte Regina Weber nachdenklich, »abgesehen davon, daß die meisten türkischen Kollegen wenigstens ein bißchen Deutsch können. Auch ohne Türkischkenntnisse könnten Sie sich mit ihnen unterhalten.«

In der nächsten Pause saß auch Herr Becker am Tisch der türkischen Kollegen und stellte mit Verwunderung fest, daß diese sich über seinen »Besuch« sehr freuten. Herr Becker lernte sogar einige türkische Wörter, unter anderem das Grußwort »Merhaba«, das er von dem Tag an regelmäßig gebrauchte. Wenn er die türkischen Kollegen sah, hob er die Hand zum Gruß: »Merhaba.« Und: »Grüß Gott« entgegneten diese fröhlich.

Dann erzählte Herr Becker ihnen, daß die meisten türkischen

Kinder in Mathematik gut waren. »Im Sport auch«, fügte er hinzu, »nur in Deutsch haben sie Schwierigkeiten.«

Freudestrahlend erzählte Murat seinen Eltern von Regina Weber. »Ist sie eure neue Deutschlehrerin?« erkundigte sich sein Vater. »Nein«, antwortete Murat enttäuscht. »Frau Lehmann gibt es noch. Aber Fräulein Weber kommt immer mit ihr in die Klasse. Ach, sie ist einfach himmlisch. Sie kann sogar etwas Türkisch.«
»Nanu«, staunte seine Mutter, »eine deutsche Lehrerin, die Türkisch kann?«
»Ja, ja, sie ist so lieb wie eine Fee«, rief Murat.
»Feen gibt es nur im Märchen«, korrigierte ihn sein Vater und schaltete den Fernseher ein, während Frau Kartal in die Küche ging. Wenn wenigstens die Kinder am Opferfest schulfrei haben könnten, dachte sie, während sie die Mehlsuppe kochte. Wenigstens die Kinder sollten ihre Festfreude haben. Sie nahm sich vor, Murats Klassenlehrerin darum zu bitten.

Als sich Frau Lehmann Frau Kartals Bitte anhörte, nickte sie mit einem freundlichen Lächeln: »Selbstverständlich, ja, ja. Ich werde mich darum kümmern, daß die türkischen Kinder zu ihrem Fest schulfrei bekommen. Das werden aber lange Ferien für sie sein, denn gleich nach eurem Opferfest kommt unser Osterfest.«
Während sich Frau Kartal bei der Klassenlehrerin herzlich bedankte, runzelte Regina, die dieses Gespräch mitgehört hatte, die Stirn. »Euer Fest, unser Fest«, warf sie ein, »warum feiern wir nicht ein gemeinsames Fest? Wir alle. Die deutschen und die türkischen Kinder. Ein großes Klassenfest. Opferfest und Osterfest zugleich.«
»Ich weiß nicht recht«, murmelte Frau Lehmann, »das macht doch viel Arbeit, und..., und...«
»Ach, das wäre ja wunderbar«, fiel ihr Frau Kartal in die Rede, »ein Klassenfest, oh ja, die deutschen und türkischen Kinder zusammen. Die Kinder würden sich bestimmt freuen.«
»Ein Klassenfest?« rief Herr Becker am Tisch der türkischen Kollegen, »ja, warum nicht? Die deutschen und türkischen Kinder können sich gegenseitig ihre Festgebräuche zeigen.«
»Ja«, riefen die türkischen Kollegen, »das ist eine herrliche Idee.«
»Ein Klassenfest?« fragte Herr Schulz, der Schulrektor, und zog die Augenbrauen in die Höhe. Er überlegte kurz und begann dann

laut zu lachen: »Warum sind wir nicht früher auf die Idee gekommen? Ja, ja, ich genehmige das Klassenfest.«

»Hurra, ein Klassenfest!« schrien die Kinder.

»Das ist unser Opferfest«, meinte Dilek.

»Nein, unser Osterfest«, unterbrach sie Ulrike.

»Beides, beides, Kinder«, sprach Regina mit einer sanften Stimme, »Opfer- und Osterfest zugleich.«

»Beides«, wiederholte Frau Lehmann, die neben Regina stand. Auch die Klassenlehrerin hatte mittlerweile die Idee »Klassenfest« liebgewonnen. Nur die Organisation, dachte sie, wird nicht sehr leicht sein, aber immerhin haben wir über eine Woche Zeit.

Regina Weber liebte ihre kleine Wohnung in der Alpenstraße in K. Abends, wenn sie todmüde heimkam, machte sie sich das Abendbrot in der Kochnische. Anschließend korrigierte sie die Aufsätze ihrer Schüler und bereitete den Unterricht für den nächsten Tag vor.

Obwohl sie ihren Beruf sehr liebte, vermißte sie ihre Studienzeit in A. und schrieb manchmal lange Briefe an ihre ehemaligen Studienkollegen. Sie schrieb auch ihrer Türkischdozentin. Sie bekam immer Antwort auf ihre Briefe. Regina Weber hatte auch einen Freund. Er hieß Dietmar. Er hatte ebenfalls in A. studiert. Inzwischen war er Sozialarbeiter in Memmingen. An Wochenenden trafen sich Regina und Dietmar in K. und fuhren zusammen in die Berge.

Dietmar sprach von Heiraten, und warm schoß das Blut durch Reginas Adern. Sie liebte Dietmar so...

»Wir mieten uns ein kleines Bauernhaus zwischen K. und Memmingen«, sagte Dietmar, »nicht weit von den Bergen.«

Dietmar verdiente nicht viel, deshalb hoffte Regina, die Referendarzeit gut zu bestehen und auch das zweite Staatsexamen, damit sie das Lehramt ausüben könnte. Aber nicht nur aus finanziellen Gründen. Sie liebte ihren Beruf. Sie liebte die Kinder, alle Kinder, die deutschen und die ausländischen.

Beim Abendessen erzählte Frau Kartal von Regina Webers Klassenfestidee, und Herr Kartals Gesicht erhellte sich mit einem warmen Lächeln.

»Dieses Fräulein scheint wirklich eine Fee zu sein«, meinte er scherzend und merkte nicht, daß Murat das sehr ernst nahm.

»Ich sagte es doch«, stammelte er mit roten Wangen, »das wird für uns endlich mal ein richtiges Fest, gell, Vater?«

Alle sprachen vom Klassenfest, doch die Organisation bereitete Frau Lehmann immer noch Kopfschmerzen.

»Fräulein Weber«, sagte sie zu Regina, »wie stellen Sie sich das vor?«

»Ganz einfach«, antwortete die Referendarin und bat die Kinder, etwas zu malen, was sie sich unter ihrem Fest vorstellten. Die türkischen Kinder malten buntgeschmückte Opferlämmer und tanzende Menschen, während die deutschen Kinder buntgeschmückte Eier, gelbe Küken und langohrige Hasen malten. Mit diesen Bildern schmückten sie dann das Klassenzimmer.

»Lämmer«, staunte Frau Lehmann, »auch bei uns gibt es Osterlämmer, komisch.«

»Komisch«, fand sie auch, daß man sich zum Opfer- als auch zum Osterfest Glückwunschkarten schickt. Das Festessen ist auch sehr ähnlich, stellte sie schließlich fest.

Die Organisation: Punkt eins: Deutsche und türkische Eltern und Kinder treffen sich um 11 Uhr im Klassenzimmer. Deutsche und türkische Kinder zeigen sich gegenseitig ihre Festgebräuche. Punkt zwei: Das Festessen wird gemeinsam gegessen. Deutsche und türkische Eltern bringen es mit.

Nur die Musik, dachte Regina, der Volkstanz, den die türkischen Kinder so schön gemalt haben... wie soll ich den herbeizaubern? Dann löste sie aber auch dieses Problem. Sie kaufte türkische Musikkassetten in den Läden am Bahnhof in K. Dann bat sie die türkischen Kollegen, den deutschen und türkischen Kindern Volkstänze beizubringen. Einige türkische Mütter erklärten sich bereit, Folkloretrachten für die Kleinen zu nähen.

In der Turnhalle übten die Kinder die türkischen Tanzfiguren, während aus einem Kassettenrecorder Paukenklänge donnerten. Nach der Tanzübung malten die Kinder Ostereier im Zeichensaal, was auch den türkischen Kindern großen Spaß machte.

»Ich bewundere Ihre Tatkraft«, sagte Frau Lehamnn zu ihrer jungen Kollegin, »ich bin überzeugt davon, es wird ein tolles Fest, unser Klassenfest.«

Alle Vorbereitungen waren getan. Obwohl Regina sehr müde war, fühlte sie sich glücklich, als ob sie Flügel hätte und durch die Schule schwebte. Dieses Gefühl kannte sie irgendwie, wußte aber nicht woher.

Im Klassenzimmer hatten sie die Tische zusammengerückt und auf den Tischen handgestickte Decken ausgebreitet, die Dileks Mutter genäht hatte. Die festliche Atmosphäre war da, es fehlte nichts. Erleichtert atmete Frau Lehmann auf, als sie ihre prüfenden Blicke durch das Klassenzimmer schweifen ließ.

Ab elf Uhr begannen die Gäste allmählich einzutreffen, gegen 11.30 Uhr waren alle da. Herr Schulz, der Schulrektor, hieß sie vor dem Klassenzimmer willkommen und schüttelte ihnen die Hand.

Die türkischen Kinder küßten ihren Eltern die Hand, die sie dann als Geste der Ehrerbietung und als Festgruß an die Stirn führten. Anschließend bekamen sie die Geschenke: Bonbons, seidene Taschentücher oder Spielsachen.

Die türkischen Kinder hatten neue Kleider an.

»Das ist Sitte bei uns«, erklärte Herr Kartal, »zum Fest trägt man nur neue Sachen, die vor dem Fest gekauft werden. Die Festkleider nennt man Bayramlik.«

»Toll«, riefen Maxl, Erich und Ulrike, »Bayramlik müßte man bei uns auch einführen.«

»Geschenke bekommen wir zu Weihnachten, ohne den Eltern die Hand zu küssen«, meinte Thomas. Sein Vater aber sagte, daß er sich sehr freuen würde, wenn auch die deutschen Kinder eine solche Ehrerbietung zeigen würden. Erichs Mutter nickte bestätigend.

Dann zeigten die deutschen Kinder, wie Ostereier versteckt und gesucht werden. Güler, Orhan und die anderen türkischen Kinder klatschten fröhlich in die Hände.

»Dieses tolle Spiel soll bei uns eingeführt werden«, meinte Murat.

»Unbedingt«, rief Füsun.

Vor dem Festessen tanzten dann die Kinder die türkischen Volkstänze, und die Eltern klatschten, bis ihnen die Handflächen weh taten. Herr Kunt, Beates Vater, fotografierte Beate in der bunten türkischen Tracht, die der Kleinen sehr gut stand. Auch andere Eltern machten Fotos.

Endlich war es soweit. Nun war das Festessen an der Reihe.

Die deutschen Eltern hatten Osterbraten mitgebracht, die türkischen Eltern Pistazienreis, gefüllte Weinblätter und Blätterteigpastete. Den türkischen Gästen schmeckte das deutsche, und den deutschen Gästen das türkische Festessen so gut, daß die Mütter in aller Eile Kochrezepte austauschten. Dabei kamen sie mehr und mehr ins Gespräch und begannen sich zu unterhalten. »Das nächste Opferfest müssen wir auch zusammenfeiern«, sagte Murats Mutter zu Beates Mutter, und Beates Mutter versprach, auch das nächste Fest zusammenzufeiern.

Regina betrachtete alles mit einem müden Lächeln. Ihr Gesichtsausdruck war nachdenklich, als ob sie sich an etwas erinnern wollte. Sie hatte nichts vergessen. Das Klassenfest war ihr wunderbar gelungen. Aber was...

»Fräulein...« Das war Murats Stimme, die sie aus ihrer Versunkenheit riß. »Fräulein«, riefen die Kinder im Chor, »wir möchten uns alle bei Ihnen bedanken«, und sie überreichten Regina einen riesigen Blumenstrauß.

»Dieser herrliche Tag ist Ihr Verdienst, Fräulein Weber«, hörte sie noch die feierliche Stimme von Herrn Schulz. »Auch Frau Lehmann, der Klassenlehrerin, sind wir Dank verpflichtet«, fuhr er fort, »sowie Herrn Becker, dem Mathematiklehrer.«

»Merhaba«, hob dieser die Hand zum Gruß, und die türkischen Eltern fanden ihn sehr sympathisch.

»Aber Fräulein Weber«, betonte der Schulrektor nochmals, »ist die Initiatorin dieses herrlichen Klassenfestes.«

Die deutschen und türkischen Eltern klatschten wieder in die Hände, und Regina wußte nicht, was sie sagen sollte. Sie beherrschte plötzlich die Sprache dieser Menschen nicht mehr. Sie verstand aber die Sprache des Windes, des leichten und leisen Frühlingswindes, der durch die Bäume im Schulgarten strich: »Regina, du hast deine Aufgabe mit großem Erfolg erfüllt. Nun mußt du ins Feenreich zurück.«

An jenem Abend saß Regina in ihrem kleinen Zimmer in der Alpenstraße und biß in die Lippen, um nicht zu weinen. Ich muß die Kinder verlassen, dachte sie, und auch Dietmar, meinen Verlobten. Und eine tiefe Sehnsucht durchbebte ihre Brust.

Regina hörte die Stimme der Feenkönigin aus undenklichen Fernen: »Du mußt ins Feenreich zurück, mein Kind.«

»Kann ich hier nicht etwas länger bleiben?« fragte Regina mit zitternden Lippen.

»Nein. Deine Aufgabe ist erfüllt.«

»Noch einen Tag, bitte.«

»Das geht nicht, Regina. Vielleicht wirst du bald woanders auf der Erde gebraucht. Aber nun mußt du zurück.«

»Ach«, seufzte Regina, »wann holt mich denn der Wind ab?«

»Der Wind ist heute nicht so stark, daß er dich ins Feenreich zurücktragen könnte. Du mußt dir selbst helfen.«

»Wie denn?«

»Du hast ja wieder deine Flügel.«

Regina drehte sich um und schaute in den Spiegel.

»Bin ich das wirklich?« seufzte sie dann.

Die junge, energische Referendarin Regina Weber war verschwunden, stattdessen lächelte ihr jetzt die wunderhübsche Fee Regina aus dem Spiegelbild entgegen.

»Hallo, Regina«, begrüßte sie ihr Spiegelbild und protestierte zum letzten Mal: »Und wie soll ich meine Abwesenheit Herrn Schulz, den Kollegen, den Kindern und den Eltern erklären?«

»Ganz einfach«, meinte die Feenkönigin, »das behördliche Schreiben vom Bayerischen Kultusministerium liegt bereits auf dem Schreibtisch von Herrn Schulz. Du hast das zweite Staatsexamen gut bestanden, mein Kind. Deine Referendarzeit ist beendet. Du wirst jetzt als Beamtin nach Bayreuth versetzt, doch in Wirklichkeit kommst du ins Feenreich zurück.«

»Die Wirklichkeit«, lächelte Regina im Spiegel, »ist nur eine Täuschung.«

»Weißt du was«, sagte Frau Kartal zu ihrem Mann, »warum sollen wir bis zum nächsten Fest warten, um uns nochmals mit der Familie Kunt zu treffen? Wir laden sie einfach am nächsten Sonntag zu uns ein.«

Herr Kartal war etwas skeptisch. »Du weißt doch«, murmelte er, »wie zurückhaltend und abweisend die Deutschen sind. Sie würden die Einladung sicherlich nicht annehmen.«

Frau Kartal war aber der Meinung, daß nach dem wunderbaren Fest das Eis geschmolzen war, und bat Murat, schnell zu den Nachbarn zu gehen und sie für den kommenden Sonntag einzuladen.

»Gerne, Mutter«, antwortete der kleine Murat, »hoffentlich kommen sie. Hoffentlich gehe ich ab morgen mit Beate in die Schule. Hoffentlich spielen wir dann immer zusammen.«

Wie es der Zufall wollte, wollte auch Frau Kunt kein Jahr bis zum nächsten Fest warten, um sich mit der Familie Kartal zu treffen. Auch Herr Kunt war ihrer Meinung. So schickten sie Beate zu den Nachbarn, um diese für den nächsten Sonntag einzuladen.

Die beiden Kinder, Beate und Murat, trafen sich im Treppenhaus. Als sie feststellten, daß sie aus demselben Grund unterwegs waren, begannen sie laut zu lachen.

»Also gut«, meinte Beate, »nächsten Sonntag besuchen wir euch, und am übernächsten Sonntag kommt ihr zu uns.«

»Abgemacht«, rief Murat, in ihm glühte die Freude wie ein lebendiges Feuer.

»Komm, laß uns in den Garten gehen und zusammen spielen«, schlug Beate vor, und Murat wollte seinen Ohren nicht trauen.

Plötzlich hielten die beiden Kinder inne und schauten mit großen Augen aus dem Fenster hinaus, an dem eine Fee mit langen, blonden Haaren und weißen Flügeln vorbeischwebte. Sie rieben sich die Augen, um sich davon zu überzeugen, daß sie nicht träumten und schauten sich verwirrt an und schwiegen. Die merkwürdige Erscheinung hatte ihnen die Sprache verschlagen.

»Meine Güte«, stotterte schließlich Beate, »hast du sie auch gesehen, Murat?«

»Ja, ja«, nickte Murat, »sie hatte das gleiche Gesicht wie Fräulein Regina.«

Dann gingen die beiden Kinder Hand in Hand in den Garten.

Zum fremden Strand

Für meine Deutschlehrerin Karin Weisgräber

Jetzt fängt das schöne Frühjahr an, und alles fängt zu blühen an auf gründer Heid'...

Fräulein Reims Finger auf den Tasten des Klaviers.

Trotz der ganz kurz geschnittenen Haare und der männlich wirkenden sportlichen Kleidung war sie eine hübsche Frau.

Und draußen ein richtiger Frühling, bereits im März, die Bäume in voller Blütenpracht, eine Sonne hellrot und warm über dem Bosporus.

Die Deutsche Schule Istanbul... Ein Auslandsgymnasium der Bundesrepublik. Wie eine mittelalterliche Burg mitten im bunten Durcheinander des Orients. Die Wärme und das Meer draußen, die Silhouette der Stadt auf der asiatischen Seite, Wasserträger, Schuhputzer, Straßenhändler, der Staub, das Autogehupe.

In dieser stabilen Burg war ich vor all dem geschützt wie ein Burgfräulein. Jedes neue Wort, das ich lernte, war für mich wie ein Zauberwort. Stolz drückte ich mein kleines Vokabelheft an die Brust.

Meine Mutter hörte mich jeden Abend ab:

Ağaç?

Baum.

Artikel?

Der.

Gut.

Und am nächsten Tag im mündlichen Vokabeltest lobte mich unser Deutschlehrer Herr Pachner: gut.

Er hatte grüne Augen, sein Rasierwasser roch so angenehm. Er gab sich viel Mühe, uns Deutsch beizubringen. Oft glänzten Schweißperlen auf seiner Stirn, während er die Tafel vollschrieb, sein Hemd voller Kreidestaub. Was ist das? Das ist ein Heft. Alle zusammen: Das ist ein Heft.

Ich lernte und lernte deutsche Wörter, samt der deutschen Grammatik, ohne damals zu merken, daß ich gegen jede erworbene Deutschkenntnis ein Stück meiner Muttersprache und ein Stück von mir verlor.

Bereits nach einem Jahr konnte das Burgfräulein die Märchen der Brüder Grimm in der Originalsprache lesen und liebte die Deutschstunden sehr.

An der Wand des Klassenzimmers hing eine Landkarte der Bundesrepublik Deutschland, meines Traumlandes, mit allen Bundesländern von Schleswig-Holstein bis Bayern. Das letztere zog mich am meisten an, weil ich dachte: so südlich, so nah. Vom Bosporus zu den Alpen muß es ja ein Katzensprung sein.

Es war ja auch ein Katzensprung für die Lufthansa-Maschine, die die Wolkenburgen aus Watte durchlöcherte. Nach vielen Jahren saß ich nun mit pochendem Herzen in der Maschine. Nur zwei Stunden. Aber zwei so verschiedene Welten...

Neben schönen Deutschstunden auch Alpträume: Mathe, Physik, Chemie. Lehrer: Große, blonde Männer in weißen Kitteln, Brillenträger mit Glatzen, vor denen man zitterte wie vor einem Arzt oder einem Chirurgen. Disziplin war das höchste Gebot.

Ihr wart heut wieder zu laut. Zum Kuckuck noch mal! Nachsitzen und Abschreiben, aus dem Lesebuch von Seite 41 bis...

Aber Frau Weiß, das ist doch ein ganzes Kapitel im »Schimmelreiter«.

Na und? Keine Widerrede.

Sie fuhr mit der Hand durch ihre blonden Locken. Wenn sie verärgert war, hatte sie auf dem ungeschminkten Gesicht mehr Fältchen unter den hellblauen Augen. Sie trug immer ein schlichtes Kostüm und Schuhe mit flachen Absätzen.

Schimmelreiter, Theodor Storm, und seitab lag die Stadt mit kreischenden Möwen und Marktschreiern.

Trotz der Strafarbeiten konnte das Burgfräulein auf Frau Weiß nicht böse sein, denn ihre Deutschaufsätze wurden immer mit einer Eins benotet.

Frau Weiß fragte: Was möchtest du werden, wenn du erwachsen bist?

Das Burgfräulein wollte Schriftstellerin werden.

Die Lehrer und Lehrerinnen lieben und respektieren, wie unsere türkische Erziehung es verlangte. Lieben trotz der Angst. Und wir brauchten uns nicht einmal dazu zu zwingen. Wir blickten zu ihnen auf, und wie wir sie bewunderten, bewunderten wir auch ihr Land.

»Das Deutsche Museum in München«, erzählte Herr Burckhardt mit strahlenden Augen, »ist das größte technische Museum auf der Welt. Von Bergminen bis zu einem Planetarium könnt ihr dort alles finden.« Er war unser neuer Mathe- und Physiklehrer. Die Tafel voll von Pfeilen der Vektorrechnung. Meine Pfeile hatten aber nur eine einzige Richtung: gen Traumland.

Wie mütterlich-angenehm der Apfelstrudelduft aus dem Speisesaal strömte, so grausam-unangenehm war der beißende Geruch des Chemiesaals, der Geruch von Medikamenten, Desinfektion und Hygiene wie in einer Klinik. Chemie ist die Lehre von Stoffen und stofflichen Veränderungen.

Ich schrieb eifrig mit, von Stofflosigkeit träumend, die ich in der Dichtung der deutschen Romantiker fand:

Es war, als hätte der Himmel...

»Konjunktivsätze«, sagte unser neuer Deutschlehrer. Auch er war blond und trug eine Brille, aber keinen weißen Kittel. Er erzählte auch vom Blütenschimmer und vom Wetterleuchten in der Brust.

Wieder Fräulein Reim. Sie war nicht nur unsere Musiklehrerin, sondern auch die Turnlehrerin der Mädchen. Sie konnte sich im dunkelblauen Trainingsanzug wie eine Gummifigur biegen.

Also Mädels, eins, zwei, drei, vier, bißchen Tempo, gell?

Wie Felsenklötze standen wir vor ihr in der Turnhalle mit unseren unsportlichen Körpern, vollschlank mit breiten Hüften.

Fräulein, Sie müssen mich für heute entschuldigen, ich hab nämlich meine Tage.

Na und? Hüpf-hüpf, eins, zwei, drei, vier...

Von der Turnhalle in den Musiksaal. Beethoven blickt genial, aber auch traurig aus seinem Portrait an der Wand.

Eine Platte wird vorgespielt: Alle Menschen werden Brüder. Die Musik donnernd und zauberhaft.

Was für ein brüderliches Volk müssen die Deutschen sein...

Wir betraten feuertrunken den kühlen Musiksaal wie ein Heiligtum. Jeden Tag eine Portion deutsche Kultur, neun Jahre lang.

Wir hörten die deutsche Musik nicht nur, sondern wir sangen

sie auch gerne, während Fräulein Reims Finger auf den Klaviertasten dahinflogen:

Nun ade, du mein lieb Heimatland, lieb Heimatland ade,
es geht jetzt fort zum fremden Strand, lieb Heimatland ade...

Strand? Der Kalender, der an der Wand des Klassenzimmers neben der Landkarte hing, war voll von glänzenden Fotos, die verschneite Berge und grüne Wälder zeigten, hin und wieder auch breite Straßen und Fabrikschornsteine, aber keinen Strand. Die Frage der Lehrer »Was willst du nach dem Abitur machen?« beantwortete das Burgfräulein zwar immer mit dem Satz »Ich werde in Deutschland Germanistik studieren«, aber damals schon wußte sie, daß es nicht zu einem Strand gehen würde.

Und draußen der Frühling, die »Alle Vögel sind schon da«-Stimmung mit Amsel, Drossel, Fink und Star. Und auch die Schuhputzer, Wasserträger, der Staub, der Orient, die Wehmut. Aus vollem Halse sang ich mit:

Und so sing ich dann mit frohem Mut,
wie man singet, wenn man wandern tut.

Ich tat auch wandern. Auswandern. Zum fremden Strand, der fremd, aber kein Strand war. Die Auswanderung war nicht leicht. Der größte Alptraum war zunächst einmal das Abitur, das deutsche Abitur.

Im Physiksaal wurde die Lichtgeschwindigkeit gemessen. Wir mußten eine Versuchsbeschreibung zu Papier bringen, die Lichtjahre ausrechnen... am nächsten Tag ging es mir beim Aufsatzschreiben in Deutsch viel besser. Gedichtinterpretationen. Ich wählte Eichendorff. Wetterleuchtend durch die Brust.

Der zweite Alptraum war die Grenze, an der das Wetterleuchten gleich erlosch. Im Flughafen roch es nach Desinfektionsmittel wie im Chemiesaal der Deutschen Schule.

Der Grenzpolizist blätterte mißtrauisch in meinem Paß, als stünde ich in den Fahndungslisten. Dann fragte er mich:

»Was du hier wollen?«

»Ich möchte Germanistik studieren«, antwortete ich stolz.

So streng wie er aussah, hätte er genauso gut ein Lehrer in der Deutschen Schule gewesen sein können. Es hätte mich nicht gewundert, wenn er Goethes Faust auswendig gekonnt oder sich in der Integralrechnung oder in der Atomphysik gut ausgekannt hätte. Deshalb wunderte es mich um so mehr, daß er nicht einmal richtig Deutsch konnte. Er hätte mich doch fragen müssen: »Was wollen Sie hier?«

»Ach so, Germanistik«, räusperte er sich.

Schranke auf, Schranke runter. Nun war meine Heimat Lichtjahre von mir entfernt.

Ich wollte meinen Augen nicht trauen. Mein Deutschland lag nun vor mir, grün wie auf Kalenderbildern. Nichts hatten meine Lehrer übertrieben. Deutschland war sogar viel mächtiger als in ihren Beschreibungen.

Autos rasten wie Raketen auf Straßen, die so breit und sauber waren, Hochhäuser und Fabrikschornsteine ragten in einen grauen Himmel, alles war in endloser und blitzschneller Bewegung wie eine riesige Maschine. Das Tempo war fast schwindelerregend.

Herr Pachner, Frau Weiß, euer Deutschland ist zwar prächtiger als in euren Schilderungen, aber dennoch stimmt da etwas nicht. Ich meine nicht die Enttäuschung darüber, daß kein U-Bahnschaffner oder keine Verkäuferin in der Lage ist, einen Vers von Eichendorff zu zitieren, sondern etwas, das ich nicht genau beschreiben kann.

Ihr habt uns kein richtiges Deutschlandbild vermittelt. Das wahre Deutschland ist nicht so bunt und lebendig wie in unseren Lehrbüchern:

Guten Morgen, Herr Meier. Wie geht es Ihnen?

Guten Tag, Frau Schulz. Danke, es geht mir gut. Und Ihnen?

Es kümmert niemanden, wie es mir geht. Wie mir an meinem ersten Deutschlandtag zumute ist.

Das wahre Deutschland hat nur wenig mit meiner Schule, mit der stabilen Burg im Orient gemeinsam. Nur den Chemiesaal, die Klinikhaftigkeit. Ich vermisse den Apfelstrudelduft.

Am nächsten Tag die zweite Schranke, die zweite Ohrfeige. In einem düsteren Gebäude, das wie ein Gefängnis aussah. Lange Korridore, verschlossene Türen, vor denen Menschen Schlange stehen müssen. Schulter an Schulter. Eine traurige »Alle Menschen werden Brüder«-Stimmung, eine verkehrte. Wie das Wetterleuchten erlosch auch der Götterfunken.

Dieses schreckliche Gebäude nennen die dort wartenden Menschen »Ausländerpolizei«, im Wörterbuch ist aber nur vom Kreisverwaltungsreferat die Rede.

Endlich bin ich dran. Ein zweiter Beamter, der ebenfalls von

Goethes Faust oder von der Atomphysik keine Ahnung hat, schreit mich an: Was du hier wollen? (Ich bin es inzwischen gewohnt, daß die Deutschen entweder nicht richtig Deutsch können oder mit uns Ausländern so reden, noch dazu schreiend, als wären wir schwerhörig.) Beinahe hätte er gesagt: Nachsitzen und das Ausländergesetz abschreiben, von Paragraph...

Das Burgfräulein antwortete zitternd: »Ich möchte Germanistik studieren.«

»Germanistik? Ist das nicht zu schwer für Sie?«

»Nein.«

Das Burgfräulein hatte auf den unfreundlichen Beamten Eindruck gemacht.

»Meinetwegen«, murmelte er, fast verlegen, »ein Jahr, Aufenthaltserlaubnis für ein Jahr.« Und er drückte seinen Stempel in meinen Paß, der einmal von solchen Stempeln zerfetzt sein würde. Freudestrahlend verließ ich das Zimmer, konnte aber die Freude nicht richtig genießen, als ich unter den Wartenden im dunklen Gang eine weinende Landsmännin sah.

»Sie haben meinem Mann die Aufenthaltsgenehmigung verweigert«, erzählte sie einer anderen Türkin, »er muß die Bundesrepublik innerhalb einer Woche verlassen. Wie kann man eine Familie trennen? Was soll ich jetzt machen?«

Was soll sie jetzt machen, fragte ich mich nachdenklich und traurig, als ich durch die endlosen Korridore schlich und mit hämmerndem Herzen den Ausgang suchte.

Als ich wieder draußen war, in der klirrenden Kälte des Spätherbstes, brannten meine Wangen so, daß ich die Kälte nicht einmal wahrnahm. Mir war so, als hätte ich soeben einen Drachenkampf siegreich überstanden. Von diesem Tag an wurde jeder »Besuch« beim Kreisverwaltungsreferat ein Drachenkampf für mich.

Das Burgfräulein mußte nun lernen, was es heißt, ein Ausländer zu sein. Ausländer sind verwundete Menschen, stellte sie mit trüben Augen fest. Sie fragte sich, wie es wohl den anderen Wartenden vor den verschlossenen Türen des Kreisverwaltungsreferats gehen müßte, wenn selbst sie, neun Jahre lang mit deutscher Sprache und Kultur gefüttert, von einer unsichtbaren Glaswand umgeben war, die undurchdringbar schien. Die Deutschen waren außerhalb der Glaswand, oder sie waren die Glaswand selbst. Wenn ich ihnen etwas sagte, brach sich meine Stimme am Glas.

Integrationsversuche. Ich spreche einfach meine Wirtin an: »Guten Tag, Frau Fendt, wie geht es Ihnen?«

Sie schaut mich verstört an. Sie muß mich für einen sehr neugierigen Menschen halten, weil ich mich nach ihrem Befinden erkundige.

»Danke, danke, gut«, murmelt sie dann rasch, das Konversationsschema in meinem Lehrbuch ignorierend, jedenfalls bleibt die Gegenfrage »Und Ihnen?« aus.

Ich gebe nicht auf. Am nächsten Tag wieder: »Guten Tag, Frau Fendt ...« Allmählich kleine Erfolge. Sie lädt mich eines Nachmittags zum Kaffee ein. Ich bringe ihr einen Blumenstrauß mit. Ich läute, sie macht auf, und – es ist nicht zu fassen!

Der verlorene Teil meines Deutschlandbildes ist wieder da und setzt sich wie ein Mosaiksteinchen an die leere Stelle:

Der Apfelstrudelduft, der aus Frau Fendts Küche strömt... Ich möchte sie umarmen und auf beide Wangen küssen, wie man sich in meiner Heimat begrüßt, aber das lasse ich doch lieber sein, weil sie mich dann wahrscheinlich für eine Irre gehalten hätte.

Wir unterhalten uns in ihrem gemütlichen Wohnzimmer. Plötzlich sagt sie zu mir: »Sie sprechen wie ein Buch. Zu steril.«

Ein Buch ist kein Mensch, sondern eben ein Buch. Und der Ausdruck »steril« erinnert mich wieder an den Chemiesaal der Deutschen Schule oder an den Flughafen, an die Grenze. Ein Schaudern überkommt mich.

Jetzt weiß ich, warum ich trotz sehr guter Deutschkenntnisse nicht wie eine Deutsche reden kann, warum mich jeder, kaum daß ich den Mund aufmache, fragt, was für ein Landsmännin ich sei.

Unglaublich. Gibt es auch blonde Türkinnen? Noch dazu ohne Kopftuch? Und die so gut Deutsch sprechen, so steril wie ein Buch?

Herr Pachner, Frau Weiß, warum habt ihr uns nicht erzählt, daß es zwei deutsche Sprachen gibt, die Schrift- und die Umgangssprache? Und die Dialekte habt ihr uns völlig verschwiegen!

Also gut, ich sage nicht mehr »ich«, sondern bloß »i«. Nicht »ich habe«, sondern »i hoab«.

Meine zweite Fremdsprache: Bayerisch.

Und was ist mit meiner Muttersprache? Habe ich sie noch? Beherrsche ich sie noch? Oder habe ich sie während meiner Anpassungsversuche verloren?

Die Angst, meine Muttersprache und mit ihr meine Identität

verloren zu haben, trieb mich hinaus auf die Straße, ins Einkaufsviertel der Stadt. In türkischen Läden besorgte ich mir viele Bücher und Kassetten in türkischer Sprache, auch Poster aus Istanbul mit der Blauen Moschee im Sonnenaufgang und einige Dekorationsstücke wie einen kleinen Kelim und eine Kupferkanne. Obwohl ich für meine bescheidenen studentischen Verhältnisse viel Geld ausgegeben hatte, war ich danach von einer inneren Ruhe erfüllt. Als ich wie bezaubert die türkische Musik hörte und türkische Bücher las, merkte ich, daß ich mich in dieser Sprache genauso sicher bzw. unsicher fühlte wie im Deutschen.

Du redest, denkst und träumst in zwei Sprachen, aber in keiner bist du zuhause. Zwei Stiefmuttersprachen also, im Kopf-an-Kopf-Rennen, zwei Rabenmütter, verflucht nochmal. Reden ist vielleicht immer schon nicht meine Stärke gewesen. »Reden ist Silber, Schweigen ist Gold.« Und dieses Schweigen beinhaltet vieles, z.B. Denken, Träumen und – Schreiben. Ich sah die Sprache nun nicht mehr als Mutter und suchte nach neuen Definitionen:

... am liebsten ein Zug, ein Bosporus-Alpen-Expreß, ständig unterwegs: Hin und her, hin und her, das gleichmäßige Donnern der Räder.

... eine grüne Steppenlandschaft mit sauberen Straßen und einer warmen Herzlichkeit und Gastfreundschaft. Gibt es das überhaupt? Sobald die Straßen sauber sind – wie in einer Klinik – mangelt es an Herzlichkeit und Gastfreundschaft. Die Realität: Es gibt keine grüne Steppe.

Eines Tages wußte ich plötzlich: die Sprache war ein Haus, in dem die beiden Heimatländer zusammengeschmolzen waren.

Schreiben – ein Drang in mir. Die Feder ist der Rebell des goldenen Schweigens und hilft mir beim Bauen meines Hauses.

Das Haus hatte einen Garten mit bunten Blumen, jede Blume war ein deutsches oder türkisches Wort, ein Zauberwort. Das leise Plätschern des Springbrunnens war ein deutsch-türkisches Lied. Das Haus hatte auch viele Zimmer, deren Türen nicht verschlossen waren. Jedes Zimmer war ein Kapitel aus der deutschen oder türkischen Grammatik. Das ganze Haus war so schön wie ein deutsch-türkisches Gedicht, schöner und stabiler als die Burg, und das Burgfräulein war kein Burgfräulein mehr, sondern die Hausherrin. Es hatte sie Jahre gekostet, bis sie dieses Haus Stein für Stein gebaut hatte.

In diesem Haus entstand ihr erstes Gedicht »Dazwischen«, das in einer Anthologie erschien. Nach ihrer ersten Erzählung kamen viele Leserbriefe und – ein Anruf.

»Guten Tag. Hier ist Weiß«, sagte eine sanfte Frauenstimme.

»Frau Weiß, Sie? Ich – ach«, stotterte ich.

»Ich habe Sie im Telefonbuch gefunden.«

»Was für eine schöne Überraschung für mich. Nach so vielen Jahren Ihre Stimme zu hören.«

»Ich habe Ihre Texte gelesen. Sagen Sie mal, sind Sie jetzt hauptberuflich Schriftstellerin?«

»Nein, noch nicht. Hauptberuflich bin ich Dozentin – für Türkisch. Ich unterrichte Türkisch an der Uni.«

»Ach ja? Das ist aber interessant. Ich würde Sie gerne wiedersehen. Sie können mir dann mehr von sich erzählen. Nächsten Freitag bin ich zufällig in München. Hätten Sie vielleicht Zeit –«

Wir treffen uns am Hauptbahnhof. Dieselbe Frau Weiß. Nur einige graue Haare in den blonden Locken und auf dem ungeschminkten Gesicht ein paar Fältchen mehr unter den hellblauen Augen, aber sonst – das schlichte Kostüm, Schuhe mit flachen Absätzen: meine Deutschlehrerin...

Wir sitzen in einem Café in der Altstadt. Sie erzählt mir, daß sie nun Gymnasialdirektorin in einer bayerischen Kleinstadt ist.

»Heute hatte ich einen Termin beim Kultusministerium. Da habe ich gedacht, wenn ich in München bin, dann kann ich mich auch mit Ihnen treffen. Ich habe Ihre Texte gelesen. Ihre Texte –«

Ich zittere noch vor ihr und will wieder wie ein Buch reden, wie sie es mir beigebracht hat, aber inzwischen habe ich das offenbar verlernt. Über meinen süddeutsch gefärbten Slang lächelt sie, zieht aber gleichzeitig die Augenbrauen etwas tadelnd in die Höhe: »Ach, Mädchen.«

Ich bin so froh, daß sie endlich mit dem Siezen aufgehört hat und mich wie damals »Mädchen« nennt.

Ihr wart heute wieder so laut, zum Kuckuck noch mal!

Mir ist, als höre ich die Möwen und die Marktschreier draußen.

»Mädchen, deine Texte –«

Meine Texte... Nach der zweiten Erzählung kamen Einladungen zu Autorenlesungen. Plötzlich bin ich bundesweit unterwegs von Bayern bis Schleswig-Holstein. Lesungen in den Sälen der Ausländer-Initiativkreise, der Volkshochschulen und Schulen, Lesungen in Buchhandlungen. Lesungen und Diskussionen und Fragen. Auch über meine Biographie. Unter anderem muß ich auch von der Deutschen Schule erzählen, von der stabilen Burg, das ist ja unvermeidlich.

Bei einer Lesung meint einer der Hörer, daß ich eine Geschichte der Enttäuschung schreiben sollte. Über das Deutschlandbild der Deutschen Schule und über das wahre Deutschland. Enttäuschung? Ja, die liegt so weit zurück, daß ich sie vergessen habe. Ich mache meinen Lehrern und Lehrerinnen auch keine Vorwürfe mehr, ich hätte auch kein Recht dazu, denn – als Türkischdozentin – mache ich ja dasselbe. Vielleicht ist das eine Berufskrankheit. Das Türkeibild in bunten Lehrbüchern mit der sterilen Schriftsprache, ja, genauso:

Günaydin. Nasilsiniz?

Tesekkür ederim, iyiyim. Ya siz?

Und wie Herr Burckhardt das Deutsche Museum in München beschrieb, beschreibe ich in schillernden Farben das Topkapi-Museum in Istanbul. Noch dazu mit Dias:

Das ist das Tor der Glückseligkeit. Aus jeder Ecke des wunderbaren Palastgartens hat man einen herrlichen Blick über den Bosporus... Vermittle ich meinen Studentinnen und Studenten nicht das Bild eines Märchenlands, das keines ist?

Die Idee, auf die mich dieser Hörer in der Lesung gebracht hat, ist interessant. Aber ich schreibe nicht die Geschichte der Enttäuschung, sondern die des fremden Strands, der ein Strand, aber nicht fremd ist. Meine Sprache, mein Haus hat diesen Strand in seinem Garten. Er ist silbern wie der feine Sand des Bosporus und wie der Pulverschnee der Alpen.

Träume oder
Der letzte Schultag

Ich stehe vor der leeren Klasse und warte auf die Schüler. Heute ist der letzte Schultag, deshalb habe ich meinen Schülern erlaubt, länger im Garten zu bleiben als sonst. Heute gibt es keinen Unterricht. Ich werde die Abschlußzeugnisse verteilen, dann werden wir ausgehen. Und dann werden wir uns nicht mehr sehen.

Wieder ist ein Schuljahr vergangen, und das ist für mich ein schmerzhaftes Gefühl.

Wie ich so vor der leeren Klasse stehe, stelle ich mir die Gesichter vor. Vorne links saßen Ferhat und Halil, vorne Mitte Ufuk und Riza, der Bäckerlehrling und der Hilfsarbeiter. Und vorne rechts Mustafa, Arbeiter beim Schlachthof, und Nihat, zur Zeit arbeitslos.

Ich kenne auch die Gesichter in den hinteren Reihen. Ich kenne auch ihre Schicksale. Wir waren ja jahrelang zusammen an der Berufsschule für Jungarbeiter. Ich brachte ihnen die deutsche Grammatik bei, und sie erzählten mir ihre Lebensgeschichten. Wir waren gute Freunde, meine Schüler und ich. Aber ich war auch mit ihren Müttern befreundet. Ihre Mütter respektierten mich, weil ich die Lehrerin bin. Sie betrachteten mich als überirdisches Wesen, das von einem anderen Stern kam, obwohl wir Landsmänninnen sind. Sie bewirteten und verwöhnten mich. Die meisten waren mein Jahrgang, aber sie wirkten viel älter als ich. Sie hielten mich für eine Wundertäterin, weil ich nicht nur Deutsch kann, sondern auch Deutsch unterrichte. Mit jedem kleinen Sprachproblem kamen sie zu mir, und wir gingen zusammen zu Behörden oder zum Arzt.

Es waren schöne, fast familiäre Verhältnisse, aber gleich wird alles vorbei sein, wenn ich die Zeugnisse verteilt und einen Kaffee, den letzten Kaffee, mit meinen Schülern getrunken habe.

Aber im nächsten Schuljahr werde ich neue Gesichter vor mir

sehen, an die ich mich auch gewöhnen werde. Und neue Schicksale, die sich von den alten kaum unterscheiden werden.

Während ich auf meine Schüler warte, die im Schulhof Fußball spielen, betritt leise die Putzfrau die Klasse. Ich weiß, daß sie auch eine Landsmännin von mir ist, weil sie mich mit »merhaba« grüßt und nicht mit »Grüß Gott«. Wir haben aber noch nie Zeit und Gelegenheit gehabt, uns richtig zu unterhalten, obwohl wir beide seit über fünf Jahren an derselben Schule beschäftigt sind. Plötzlich wissen wir beide, daß es gerade der richtige Augenblick dafür ist.

Kommst du aus Izmir, fragt sie mich, während sie mir eine Zigarette anbietet und Feuer gibt.

Wieso, entgegne ich erstaunt, woher wissen Sie das?

Das erkenne ich sofort, antwortet sie mit einem schwesterlichen Lächeln, an der Gesichtsform, weißt du, an der Farbe der Haare und der Augen.

Sind Sie auch aus Izmir? möchte ich wissen.

Nicht direkt, erwidert sie, ich bin in einem Dorf nur zehn Kilometer von Izmir entfernt geboren, aber in Izmir aufgewachsen.

Hast du kein Heimweh nach Izmir, nach den Palmen, nach den Kutschen an der Uferpromenade?

Doch, doch, nicke ich, wobei ich ihr verschweige, daß ich in Izmir nur geboren bin, daß ich aber meine Kindheit in Istanbul verbracht habe und schon sehr jung nach Deutschland gekommen bin, daß ich dort Abitur gemacht und studiert habe.

Wo sind denn deine Jungs übrigens, fragt sie, sind sie wenigstens fleißig gewesen, hast du ihnen gute Noten gegeben?

Ja, ich habe ihnen gute Noten gegeben, soweit ich konnte, antwortete ich, während ich ihr jetzt eine Zigarette anbiete.

Hältst du keinen Unterricht heute?

Nein, ich verteile nur die Zeugnisse. Dann gehen wir Kaffee trinken.

Du hast es gut. Ich muß noch das ganze Schulgebäude putzen. Besuch mich doch mal, wenn du Zeit und Lust hast. Ich wohne am Rosenheimer Platz. Schreib dir die Hausnummer auf.

Ich notiere mir ihre Hausnummer, während sie weitererzählt: Eigentlich wollte ich immer schon zurück. Zurück in die Türkei, du verstehst. Ich habe eine alte Mutter in Izmir, sonst niemanden. Aber wenn man einmal hier ist, ist die Rückkehr schwer. Hier sind wir zwar fremd, aber inzwischen dort auch.

120

Ich würde mich gerne noch mit ihr unterhalten, aber dann kommen meine Schüler, völlig verschwitzt, aber gut gestimmt.

»Die Zeugnisse«, rufen sie im Chor wie Vogeljungen, die auf ihr Futter warten. Sie waren ja jahrelang brave, fleißige, aufmerksame Schüler. Ich verteile die Zeugnisse. Danach sitzen wir in einem Lokal am Viktualienmarkt. Auf diesen Augenblick haben wir uns alle gefreut.

Kein Perfekt oder Konjunktiv heute, gell, sagt Ufuk, der Bäckerlehrling, wir werden uns unterhalten. Nur so.

Nur so, nicke ich.

Im Hintergrund ein neuer Schlager oder ein alter, der neuerdings wieder in Mode ist: Dreams are my reality...

Halil, der lange Zeit Sänger werden und traurige türkische Liebeslieder ins Deutsche übersetzen und aktualisieren wollte, hat seine Meinung geändert.

Künstlerberuf ist kein Beruf, bemerkte er philosophisch. Ich kenne mich inzwischen im Gaststättengewerbe gut aus. Wenn ich in die Türkei zurückgehe, werde ich in meiner Heimatstadt Balikesir nach deutschem Muster eine Bierkneipe aufmachen. Vielleicht singe ich auch ab und zu für meine Gäste, aber nur privat, versteht sich. Nur in geschlossener Gesellschaft und nur deutsche Lieder wie »Weil i di moag« und so...

Ich weiß, daß Halil sich im Gaststättengewerbe gut auskennt, da er seit Jahren als Tellerwäscher arbeitet. Zuerst war er im Café am Dom beschäftigt. Dann wechselte er aber seinen Arbeitsplatz. Die Geschichte kenne ich, Halil hat sie mir anvertraut: Er kam nur einen Tag zu spät vom Urlaub zurück, weil er unterwegs einen Unfall hatte. An der jugoslawisch-österreichischen Grenze. Sein Arm war gebrochen. Obwohl der Geschäftsführer Halils Arm im Verband sah, wollte er ihm nicht glauben.

Nur Tricks, Theater, faule Ausreden, sagte er. Darauf versuchte Halil, den Verband abzumachen, um ihm den gebrochenen Arm zu zeigen. Dann glaubte ihm der Geschäftsführer zwar, aber Halil wollte dort nicht mehr arbeiten. Er fühlte sich gekränkt und kündigte auf der Stelle. Danach fand er Arbeit in einer Bierkneipe am Hauptbahnhof. Bierkneipen bringen viel Geld, schwört Halil mit leuchtenden Augen.

Brot brauchen Menschen immer, wirft Ufuk, der Bäckerlehrling ein, mehr als flüssiges Brot. Wenn ich zurück bin, werde ich in der

Türkei in meinem Heimatdorf eine moderne Bäckerei eröffnen. Die Maschinen werde ich aus Deutschland mitnehmen.

Und ich höre meinen Schülern zu, ihren wunderbaren Träumen, mit einem mütterlichen Lächeln, während im Hintergrund immer noch dasselbe Lied ertönt: Dreams are my reality... nein, mein Lächeln ist nicht so warm wie das einer Mutter. Ich lächele nur wie eine größere Schwester, eher wie eine Komplizin, die bis vor kurzem ähnliche Träume hatte. Zum Beispiel: nach dem Studium in die Türkei zurückgehen und eine akademische Karriere machen oder eine Sprachenschule eröffnen. Aber ich verschweige meinen Schülern meine Träume, lieber höre ich ihnen zu.

Während Halil von der Bierkneipe und Ufuk von der modernen Bäckerei erzählt, fällt Ahmet ihnen mit einem höhnischen Lachen ins Wort: Das ist alles Käse. Die Zukunft liegt in der Landwirtschaft. Davon habt ihr aber keine Ahnung. Ich bin ein Bauernsohn. Mein Vater hat zwar vor zwölf Jahren die Baumwollfelder verlassen, um hier sein Brot zu verdienen. Aber ich werde seinen Beruf weiterführen. Wenn wir in die Türkei zurückgehen, werde ich von hier einen modernen Pflug mitnehmen und unsere Baumwollfelder bei Adana bestellen. Wie ich mich nach dem Geruch der Erde sehne ...

Ein moderner Pflug, lacht Riza laut, der kostet doch allerhand.

Na ja, entgegnet Ahmet, man kann einen Kredit aufnehmen.

Hohe Kredite für Ausländer gibt es nicht, belehrt ihn Riza.

Und du, Mustafa, frage ich einen Jungen, der still in der Ecke sitzt. Mustafa ist immer still, weil er ungern erzählt. Er schreibt nur gern. Ich kann mich an einen Aufsatz erinnern, in dem er geschrieben hatte: Meine Arbeit ist dreckig und schwer...

Ich weiß, daß Mustafa im Schlachthof arbeitet. Es ist viel Blut und Gestank dort, hatte er im selben Aufsatz berichtet, und wenn ich nach Hause komme, stinkt mein Hemd immer noch nach Blut.

Mustafa hat ein sanftes Gesicht und traurige braune Augen. So wird er mir immer in Erinnerung bleiben. Und ich werde seinen Aufsatz aufheben.

Dreams are my reality... Warum wechselt man die Kassette nicht?

Ich? lächelt Mustafa schüchtern. Ich weiß nicht, was ich machen werde, wenn ich wieder in der Türkei bin. Vielleicht mache ich einen Parfümladen auf.

Quatsch, ruft Nihat, ihr spinnt alle. Bierkneipe, deutsche Schlager, Bäckerei, Baumwolle, Parfümerie... eine Autoreperaturwerkstatt. Das bringt Geld! Direkt an der Autobahn Bursa-Izmir. Da fahren immer reiche Leute und Touristen vorbei. Da liegt meine Zukunft.

Ferhat, der die ganze Zeit still zugehört hat, unterbricht seine Freunde. Es ist alles gut und schön, ruft er, aber wann kehrt ihr denn in die Türkei zurück?

Nächstes Jahr, antworten alle im Chor.

Wenn ich euch vor einem oder vor zwei Jahren gefragt hätte, fährt Ferhat fort, würdet ihr auch »nächstes Jahr« geantwortet haben. Immer »nächstes Jahr«, aber seit einer Ewigkeit sind wir hier und haben bis jetzt nie den Mut gehabt zurückzugehen. Und ich bin felsenfest überzeugt davon, daß wir alle nächstes Jahr hier sitzen und uns unsere Träume erzählen werden.

Ferhat spricht mir aus der Seele, während ich als Komplizin schweige. Entweder ist hier der Kassettenrecorder kaputt, oder man legt immer wieder dieselbe Kassette auf: Dreams are my reality...

Hinter den breiten Fenstern zum Viktualienmarkt die Türme des Alten Peter wie Bilder in einem Märchenbuch. Und die unfreundliche Bedienung, die uns nicht in Ruhe läßt:

Wollt ihr zahlen, oder kriegt ihr noch was?

Zahlen bitte, sagt Halil, etwas verstimmt, ich muß zur Arbeit, ich darf nicht zu spät kommen.

Plötzlich denke ich an die Putzfrau in unserer Schule: Wenn man einmal hier ist, ist die Rückkehr so schwer...

Demnächst werde ich sie besuchen, verspreche ich mir, während ich mich von meinen Schülern verabschiede und mich auf die neuen Gesichter im neuen Schuljahr freue.

Ein kühler Wind ist aufgekommen, obwohl es Hochsommer ist. Ich knöpfe meine Strickjacke zu, während ich zur U-Bahn eile und teils an unsere unerfüllbaren Träume denke, teils immer noch an die Worte der Putzfrau, einer Landsmännin: Hier sind wir zwar fremd, aber inzwischen dort auch.

Das Kind am Anlegeplatz

»Erol!« rief Emine aus dem Fenster und spielte nervös mit den Fransen ihres Kopftuches. »Erol, wo bist du denn schon wieder?« Dann ging sie hinaus auf die Straße, wo viele Kinder spielten und laut und fröhlich schrien.

»Habt ihr Erol gesehen?« fragte Emine.

Die Kinder schüttelten die Köpfe.

Es war ein schöner Sommertag. Vom Meer wehte eine leichte Brise. Die Oleander waren aufgeblüht und tauchten alles, die engen Gassen und die Holzhäuser mit den Gitterfenstern, in ihre rosarote Farbe. Ihr Duft erfüllte die ganze Insel, die Uferpromenade, die felsigen Strände und den Marktplatz. Die Straßenhändler schoben ihre Karren vor sich her und priesen schreiend ihre Waren an. Die frischen Feigen in den Körben leuchteten dunkelrot und violett.

Eine Nachbarin, die vor ihrer Haustür auf einem Schemel saß und Auberginen schälte, rief: »Emine, suchst du wieder den Buben? Der macht dir aber viel zu schaffen, was?«

Emine nickte: »Ja, ja, ich gehe ihn suchen. Seine Eltern haben ihn mir anvertraut. Es darf ihm nichts passieren. Ich bin für ihn verantwortlich.«

Die Nachbarin grinste schadenfroh. »So ist es, Emine. Deine Tochter und dein Schwiegersohn haben ein schönes Leben in Deutschland, und du mußt hier für ihren Sprößling sorgen. In deinem Alter hättest du Ruhe verdient, statt die ganze Zeit hinter dem Bengel herzulaufen.«

Emine machte ein unzufriedenes Gesicht. Solche Sprüche gefielen ihr gar nicht.

Die Nachbarn waren neidisch, weil es der Familie des Schuhmachers Mehmet jetzt besser ging als früher. Der Schuster Mehmet hatte doch früher im Sommer wie im Winter in der brennenden Sonne wie im strömenden Regen unter dem Ahornbaum am Marktplatz gegenüber der Post gesessen und die Schuhe der Inselbewohner repariert. Vom jahrelangen Sitzen hatte er einen Buckel bekommen, und seine Fingernägel waren immer schmutzig vom Dreck der Schuhe der anderen gewesen. Heute saß er im Café an der Uferpromenade, spielte den ganzen Tag Tricktrack und trank behaglich seinen rubinroten Tee. Der Schuhmacher Mehmet Efendi war ein Herr geworden.

»Sprich nicht so über meine Tochter und über meinen Schwiegersohn, Nachbarin«, sagte Emine mit gerunzelter Stirn zu der Frau, die grinsend ihre Auberginen schälte. »Wenn sie nicht nach Deutschland gegangen wären, müßten wir jetzt hungern. Wie hätte dann mein Mehmet die vielen Münder stopfen sollen? Wie hätten dann meine jüngeren Töchter Nurhan und Nuray studieren und mein einziger Sohn Ayhan die Ausbildung als Hilfskapitän abschließen können? Damals wohnten wir ja in einer ›gecekondu‹, dieser Notunterkunft auf dem Hügel hinter der Insel ohne Wasser und Strom.«

Damals... die schrecklichen Jahre nach der Auswanderung aus der Ost- in die Westtürkei. Die Zuflucht auf der Insel. Emine ging putzen bei Sommerfrischlern, Mehmet reparierte Schuhe. Die Kinder waren noch klein. Nur Gülten, die älteste Tochter, war eine Hilfe für Emine. Sie machte den Haushalt und paßte auf die kleinen Geschwister auf. Gülten war hübscher als die anderen Kinder Emines und Mehmets. Sie war das hübscheste Mädchen auf der Insel überhaupt und hatte viele Freier. Sie aber mochte keinen ihrer Freier.

»Heirate den Sohn des Herrn Ömer, ihm gehören die halbe Insel, die schönen Strandvillen an der Uferpromenade, die Feigengärten am Teehaus«, hatte Emine damals zu ihrer ältesten Tochter gesagt. »Er ist ein wohlerzogener Herrensohn und macht auch keinen Unterschied zwischen Arm und Reich. Daß er um deine Hand angehalten hat, um die Hand der Tochter des Mehmet Efendi, das spricht doch für ihn.«

Gülten aber zuckte mit den Achseln und sagte: »Er will nicht mich, sondern meine Schönheit und Jugend.«

Gülten hatte andere Träume. »Deutschland«, flüsterte sie mit strahlenden Augen. »Ich will nicht die Sklavin eines Mannes werden, dem die halbe Insel gehört. Und ich werde trotzdem reich. Reich und frei. Ich werde einen Mann heiraten, mit dem ich gleichberechtigt sein und gemeinsam für eine schöne Zukunft arbeiten werde.«

»Was ist das für ein dummes Geschwätz?« schimpfte Emine damals. »Eine Frau hat nicht frei zu sein. Sie darf auch nicht arbeiten. Eine Frau soll Ehefrau und Mutter sein. Du hast Flausen im Kopf, Mädchen, nimm endlich Vernunft an. Heirate doch den Sohn des Herrn Ömer, und hilf uns aus der Armut heraus.«

Die Armut... »Geh doch den Bengel suchen«, rief die Nachbarin, die nun mit dem Auberginenschälen fertig war.

Die Sonne glühte rot an einem wolkenlosen Himmel. Die Seemöwen kreischten, am Anlegeplatz tutete ein Schiff.

»Hast du übrigens Post aus Deutschland?« fragte die Nachbarin, bevor sie in ihre Wohnung ging. »Ich sage dir, Emine, die machen sich dort ein schönes Leben und kommen nicht mehr zurück. Nicht mal im Urlaub. Alle Deutschländer sind gekommen und kutschieren in ihrem Mercedes herum, um damit Staat zu machen. Aber so, wie sie gekommen sind, verschwinden sie nach drei Wochen wieder, um in ihr geliebtes Deutschland zurückzukehren, wo sie wie Gott in Frankreich leben, das schwöre ich dir, Emine. Und deine Tochter und dein Schwiegersohn? Die können sich von ihrem Schlaraffenland nicht einmal im Urlaub trennen. Sie sind im Land der Deutschen selber Deutsche geworden und haben dort ein schönes Leben, während unsereiner hier in der glühenden Hitze schuften muß.«

Emine biß die Zähne zusammen. »Die haben dort kein schönes Leben«, wollte sie schreien, aber sie schwieg. Sie wußte aus den Briefen, daß ihre Tochter Gülten jeden Tag acht Stunden an einem ewig laufenden Band saß und Schrauben eindrehte. Sie wußte, daß Gülten nun viele Fältchen in ihrem ehemals rosigen Gesicht und rote Augenränder vom Weinen hatte. Und Ali, der Schwiegersohn, hatte in seinem jungen Alter so viele graue Haare, fast so viele wie der alte Schuster Mehmet Efendi.

Ali... eines Tages war er vor der »gecekondu« auf dem Hügel am Ende der Insel aufgetaucht, als Emine vom Ziehbrunnen Wasser holen wollte.

»Mutter«, hatte er sie gleich angeredet, »ich möchte um die Hand deiner ältesten Tochter anhalten.«

»Wer bist du?« hatte Emine mit forscher Stimme gefragt, mißtrauisch: »Was bist du von Beruf, junger Mann?«

126

»Ich bin Ali, Gastarbeiter von Beruf. Ich arbeite in Deutschland und verdiene gut. Deine Tochter wird es gut bei mir haben.«

»Und wir?«

»Ihr natürlich auch, Mutter. Wir werden euch monatlich Geld überweisen.«

»Glaubst du, daß ich es zulasse, daß meine hübsche Tochter dich heiratet, einen Deutschländer? Du warst es also, der ihr die Deutschlandträume in den Kopf gesetzt hat! Nein, ich schicke meine Tochter nicht in die Fremde. Wenn sie überhaupt heiratet, dann bleibt sie auf der Insel.«

Gülten war aber nicht auf der Insel geblieben. Sie war mit Ali nach Deutschland gegangen. Einfach so. Eines Morgens hatte sie heimlich mit dem Paß in der Handtasche die »gecekondu« auf dem Hügel und die Insel überhaupt verlassen.

»Habt ihr's gehört?« hatte man sich auf dem Marktplatz der Insel erzählt. »Die älteste Tochter des Schuhmachers Mehmet ist mit einem Deutschländer durchgebrannt.«

Der Schuhmacher Mehmet hatte tagelang nicht in die Gesichter der Inselbewohner schauen können. So hatte er sich geschämt. Bis die Fotos kamen. Glänzende Farbfotos von der Trauung im Türkischen Konsulat in München.

Die Leute redeten nicht mehr über die beiden. Das heißt, sie redeten immer noch, aber ohne Gülten zu beleidigen. Sie hatten Respekt vor ihr, weil sie nun eine verheirate Frau und noch dazu eine Deutschländerin war. Respekt und Neid, Haß und Bewunderung. Jedenfalls gemischte Gefühle.

Der Neid wurde größer, als die Familie des Schusters aus der Notunterkunft auszog. Mit Alis Überweisungen hatte Mehmet Efendi in kurzer Zeit ein kleines Haus am Marktplatz kaufen können. Emine ging nicht mehr putzen. Auch sie trug nun schöne Kleider wie die Frauen der Sommerfrischler und ließ ihre goldenen Armbänder klirren.

Erols Geburt war ein frohe Nachricht für die ganze Familie. Dann kam der erste Urlaub mit vielen Geschenken. Nurhan und Nuray präsentierten ihre teuren, modernen Kleider an der Uferpromenade wie die Töchter der Sommerfrischler, und der Schuster Mehmet Efendi rauchte dicke Zigarren im Café an der Uferpromenade.

Der zweite, der dritte Urlaub. Eine abgemagerte Gülten und ein älter gewordener Ali mit dem kleinen Erol.

»Wann kommt ihr endlich zurück?« fragte Emine ununterbrochen.

»Noch ein Jahr, Mutter«, antwortete Ali.

Noch ein Jahr, noch zwei, drei, vier Jahre. Erol war inzwischen im Vorschulalter.

»Nimm ihn zu dir, Mutter«, hatte Gülten im letzten Urlaub gesagt. »Er soll hier in die Schule gehen und endlich richtig Türkisch lernen. Wenn wir dann nächstes Jahr endgültig zurückkehren, soll er keine Anpassungsschwierigkeiten haben. Er soll sich hier einleben.«

Inzwischen war Erol schon drei Jahre in der Türkei, konnte ziemlich gut Türkisch und hatte in der Schule keine schlechten Noten. Aber er war trotzdem ein schwieriges Kind. Immer still und traurig. Er spielte nicht mit anderen Kindern und lief oft weg. Man mußte ihn dann suchen. Wenn man ihn fragte, wo er gewesen sei und was er gemacht habe, antwortete er meistens nicht. Und nachts weinte er heimlich. Seitdem Erols Eltern ihn den Großeltern anvertraut hatten, kamen sie nicht mehr in Urlaub. In den Briefen schrieben sie, daß sie sparten. Für ein größeres Haus in der Stadt. Die ganze Familie sollte dort leben. Alle zusammen. »Wir werden uns dann nicht mehr trennen«, schrieb Gülten.

Uns nicht mehr trennen? Und was ist mit den vielen Jahren ohne meine Tochter? So fragte sich Emine, als sie ihren Magen wieder spürte. Das Magengeschwür hatte sie seit dem Tag, als Gülten nach Deutschland geflohen war. Geflohen vor der Armut. In den Reichtum und in die Freiheit. Zuflucht bei dem ewig laufenden Band. Für das Häuschen am Markt, für das Haus in der Stadt.

Emine rannte durch die Gassen der Insel und fragte jeden, ob er Erol gesehen habe. Da begegnete sie dem Honigmelonenverkäufer. Ihn kannte Emine aus ihrem ostanatolischen Heimatdorf. Damals war er mit der Familie des Schusters zusammen nach Westanatolien ausgewandert. Sie fuhren im selben Zug, der von Erzurun nach Istanbul zwei Wochen gebraucht hatte. Durch Steppen und Städte. Sie waren alle bis auf die Knochen naß geworden von dem schwarzen, feuchten Dampf des Zuges.

»Landsmann!« rief Emine. »Sag mir im Namen Allahs, hast du mein Enkelkind Erol gesehen?«

»Aber ja, Schwester«, antwortete der Honigmelonenverkäufer. »Dein Erol ist am Anlegeplatz.«

»Am Anlegeplatz?« wiederholte Emine erstaunt. »Was tut er dort?«
Emine eilte mit raschen Schritten durch die engen Gassen der
Insel zum Anlegeplatz.

Der Sonnenuntergang. Im Kelch der Oleanderblüten, in den
Geranientöpfen an den Gitterfenstern, im tintenfarbenen, durch-
sichtigen Meer, über perlmuttern schimmernden Kuppeln, überall
der Sonnenuntergang. Tatsächlich. Erol stand am Anlegeplatz. Ein
kleiner, schlanker Junge mit schmalen Schultern, mit einem bleichen Gesicht. Ein in Deutschland geborenes Kind, fast ein deutsches Kind. In der Fremde geboren, und als Fremder in die Heimat
geschickt, ein fremdes Kind.

»Erol!« rief Emine außer Atem. »Was machst du denn hier?«

»Ich?« stotterte Erol. In solchen Augenblicken vergaß er sein Türkisch. Er kannte sich im deutschen Kindergartenwortschatz besser
aus. Er vermißte Fräulein Hildes gütig lächelndes Gesicht, seinen
Malkasten und seine Spielkameraden, Stefan und Dieter, auch
Andrea mit den hellblonden Zöpfen.

»Also Kinder, jetzt hört mir mal richtig zu und singt mir nach!«
Fräulein Hilde am Klavier: Knusper knusper knäuschen...

Nein, trotz seiner jetzigen Sehnsucht danach war das keine
schöne Zeit gewesen. In Deutschland geboren und doch kein deutsches Kind.

»Erol ist kein deutscher Name, haben meine Eltern gesagt. Erol,
bist du tatsächlich kein Deutscher?«

Wer hatte das gefragt? Stefan oder Dieter? Oder beide gleichzeitig?

Abends holte Ali ihn vom Kindergarten ab. Ein Ali, der immer
schlecht gelaunt war. Er saß am Steuer eines großen Autos und
kommandierte herum: »Sei artig, Erol. Versteh doch, deine Mutter
ist krank. Sie hat Kopfschmerzen.«

Eine Gülten, die ständig Kopfschmerzen hatte...

»Lies mir ein Märchen vor, Mutter.«

»Was soll ich dir vorlesen?«

»Hänsel und Gretel.«

»Aus dem Bilderbuch da?«

»Ja.«

»Ich kann doch nicht Deutsch lesen, Kind.«

»Dann erzähl mir was.«

»Ja. Ich erzähl dir von einer Insel. Vom Meer. Von der Brandung.

Von den Seemöwen. Und von einem alten Mann, der Schuhmacher war und arm. Arm wie eine Kirchenmaus. Der hattte viele Kinder. Er überlegte sich, ob er einige seiner Kinder in die Fremde schicken sollte, damit sie nicht so arm blieben wie er.«

»Aber das ist es ja, Mutter!«

»Was denn, Kind?«

»Das Märchen von Hänsel und Gretel. Du erzählst es aber etwas anders. Der Vater war kein Schuhmacher, sondern Holzfäller. Soll ich dir das Lied zu dem Märchen singen? Ja? Okay... Wer knuspert an meinem Häuschen...«

»Hör auf, Kind, sei still. Du weißt, daß deine Mama Kopfschmerzen hat. Nun schlaf schön, Erol. Morgen müssen wir alle früh aufstehen.«

Sie kamen an ein Häuschen von Pfefferkuchen fein...

Ein stumm gesungenes Lied.

Gülten und Ali sind im Pfefferkuchenhäuschen geblieben und haben Erol für eine bessere Zukunft in eine andere Fremde geschickt.

Knusper knusper knäuschen...

»Was machst du denn hier?«, rief Emine wieder, und Erol zuckte zusammen.

»Ich warte auf sie«, flüsterte er dann in gebrochenem Türkisch.

»Auf wen?«

»Auf meine Eltern. Es ist Urlaubszeit. Alle Deutschländer sind da. Nur meine Eltern nicht. Vielleicht kommen sie mit dem letzten Schiff. Und ich möchte am Anlegeplatz sein, wenn sie kommen.«

Wenn sie kommen... Fräulein Hildes Finger auf den Tasten des kleinen Klaviers. »Warum singst du nicht mit, Erol?«

Und Stefan: »Vielleicht kann er den Text nicht.«

»Hör zu«, begann Emine mit sanfter Stimme, als die orangene Sonne im dunklen Wasser verschwand. »Deine Eltern können in diesem Sommer nicht kommen, Kind, weil sie sparen. Für ein großes Haus. Für uns alle. In der Stadt. Ein feines und größeres Haus als unser jetziges am Marktplatz, verstehst du, Erol?«

Fräulein Hilde sang am Klavier weiter: »Sie kamen an ein Häuschen von Pfefferkuchen fein...«

Hier gibt es aber keinen Pfefferkuchen, sondern nur süßes Gebäck. Den rautenförmig geschnittenen Baklava zum Beispiel mit dem flüssigen Honiggeschmack.

»Ein Haus aus Baklava?« fragte Erol mit heiterer Stimme.

»Ja, ja, meinetwegen«, murmelte Emine.

Erol ging brav und nachdenklich an der Seite seiner Großmutter durch die engen, steilen Gassen der Insel und sagte zu sich:

»Und morgen gehe ich doch wieder zum Anlegeplatz, wenn Oma Emine in der Küche beschäftigt ist oder einkaufen geht, und ich warte, bis das letzte Schiff kommt. Vielleicht haben meine Eltern genug gespart und kommen für immer zurück. Vielleicht steigen sie aus dem letzten Schiff. Und ich will am Anlegeplatz sein, wenn sie kommen. Und wenn meine Mutter keine Kopfschmerzen hat, singe ich dann: ›Wer mag der Herr wohl von diesem Häuschen sein...‹«

Langer Urlaub

Prinzeninseln bei Istanbul
30. Juli

Es ist Nacht. Das Meer ist spiegelglatt, still und tintenfarben. Der Mond, der symmetrisch zwischen den Hügeln der Hejbeli-Insel hängt, zeichnet diamantene Spuren auf dem Meer. Ein Schiff liegt vor dem Anlegeplatz, einsam und leer. Die Discotheken und Strandcafés sind verstummt. Es muß ziemlich spät sein.

Eine fremde Stadt, eine fremde Umgebung, ein fremdes Zimmer. Dabei bin ich in meiner Heimatstadt, bei meiner Familie, in meinem eigenen Zimmer, das früher, vor etwa zehn Jahren mir gehört hat! Nun ist es aber das Zimmer meines jüngeren Bruders, den ich vertreiben muß, wenn ich einmal im Jahr hier Urlaub mache.

In der nächtlichen Stille ist nur das Fernsehen zu hören: »Hier ist das Türkische Fernsehen mit den letzten Nachrichten...« Das Türkische, meine Muttersprache, die für mich wie eine Fremdsprache klingt. Liegt es daran, daß die Sprache des Fernsehens ein gekünsteltes Bühnentürkisch ist, das normalerweise kein Mensch spricht? Ich glaube es kaum, denn auch die Umgangssprache beziehungsweise der Umgang mit meinen Landsleuten bereitet mir Schwierigkeiten, wie ich heute nach meiner Ankunft festgestellt habe. Wenn ich mit jemandem spreche, spreche ich langsam, stockend, jede Satzkonstruktion mir genau überlegend.

Wenn man von einem Sprachraum nach langer Zeit in einen anderen überwechselt, ist die »Umschaltung« nicht so einfach. Die Sprache der neuen Umgebung klingt völlig fremd, selbst wenn sie die Muttersprache ist. Dann dringt einem alles störend ins Ohr, das Radio, das Fernsehen, die Gespräche der Menschen. Man empfindet die neue Sprache als klanglos, ihre Vokalharmonie als eintönig. Man nimmt alles als Geräusch wahr, versteht nur wenig und steht hilflos da.

Ich habe einmal, vor vielen Jahren, ein vertrautes Verhältnis zu dieser Sprache gehabt, sprechend, verstehend, fühlend, denkend. Nun habe ich offenbar diesen Kontakt verloren, da ich seit langer Zeit in einer anderen Sprache lebe, die die Muttersprache ersetzt und verdrängt, oder vielmehr sich mit ihr unlöslich vermengt hat. Die Mutter- und Zweitsprache vertauschen bei mir oft ihre Rollen, und ich weiß meistens nicht, welche gerade die Hauptrolle spielt. Es ist unvermeidlich, daß ich manchmal ungeschickt bin und den Fehler mache, »Wie sagt man doch?« oder »Wie heißt es doch im Türkischen?« zu sagen, wenn ich mühsam nach Worten suche. Das macht aber keinen guten Eindruck. Deshalb ziehe ich es vor, möglichst wenig zu sprechen. Nur so falle ich weniger auf, da die türkische Frau ohnehin selten spricht und selten ihre Meinung äußert.

3. August

Nicht auffallen. Das ist ein großes Problem.

Wenn ich auf dem Marktplatz herumlaufe und mit großer Bewunderung vor historischen Ruinen oder bunten Ständen stehenbleibe, werde ich von Marktschreiern angesprochen, die erstaunlicherweise Deutsch können, zwar gebrochen, aber immerhin. Dann versuche ich ihnen klarzumachen, daß ich keine Deutsche bin. Aber wenn ich mit ihnen türkisch rede, staunen sie und fragen mich, wo ich denn so gut Türkisch gelernt hätte.

»Fast akzentfrei«, heißt es dann, »Respekt, Respekt.«

Fast akzentfrei. Fast. So war's auch jahrelang in Deutschland.

Nach einigen Sätzen, wobei ich mir die größte Mühe gebe, wie eine Einheimische zu reden, um nicht aufzufallen, fragt man mich dort: »Was für eine Landsmännin sind Sie denn?« Aber zu meinem Trost kommt gleich die nächste Bemerkung: »Sie sprechen hervorragend Deutsch. Fast akzentfrei.«

Hier fast akzentfrei, dort auch. Nur fast, aber niemals ganz. Und hier wie dort falle ich irgendwie doch auf.

Ich glaube, hier falle ich nicht nur wegen meiner Sprache auf, sondern auch wegen des Aussehens, der Kleidung. Ich bin nicht so schick wie meine Landsmänninnen. Das Schicksein wäre eine doppelte Qual bei dieser Hitze, die mich verrückt macht. Ich kann sie nicht ertragen, die trockene, erstickende Hitze, die wie ein

Flammenhauch an meinem Körper klebt. Dabei hatte ich mich während der endlosen Regenperioden in München so sehr auf sie gefreut. Bei dieser höllischen Hitze könnte ich nicht auf hohen Absätzen trippeln, wie meine Landsmänninnen es gewöhnt sind, ich trage einfache Sandaletten. Auch modische Kleider wären bei 35 Grad im Schatten zu unbequem für mich. Stattdessen trage ich Blue Jeans und ein leichtes Hemd. Wie eine Touristin.

7. *August*

In der Tat. Ich ertappe mich oft dabei, alles mit Touristenaugen zu beobachten und zu erleben. Meine Pocketkamera ist durstig nach Motiven. Ich knipse alles, den Sonnenaufgang und -untergang, die anlegenden Schiffe, die exotischen Pflanzen, deren Namen ich nicht mehr kenne, die Moschee, die Strandvillen, die Fischer bei der Arbeit, den Marktplatz, die Uferpromenade, die türkisfarbenen Pinienhaine, sogar die streunenden Katzen, von denen es hier so viele gibt.

Man macht mir den Vorwurf, daß ich bei meinen Motiven wahllos sei, daß ich zum Beispiel auch die alten Holzhäuser photographiere, die eigentlich hätten abgerissen werden müssen. Gott sei Dank stehen sie aber noch da. Noch wehen die Gardinen hinter Gitterfenstern über den Geranientöpfen.

Dennoch kann ich vieles nicht wiedererkennen und empfinde vieles als fremd. Manchmal verlaufe ich mich in den engen Gassen, die – wie die Gänge eines Labyrinths – sich so ähnlich sind.

Ich will die Insel mit ihren Gassen, felsigen Stränden und durchsichtig grünen Pinienwäldern wiederentdecken, um die Erinnerung an die Kindheit und frühe Jugend wachzuhalten, an die Zeit, bevor ich nach Deutschland gegangen war. Vielleicht will ich dadurch die Verbindung zu meinem alten Ich wiederherstellen und das Gefühl der Entfremdung überwinden. Aber die Zeit, in der ich noch hier gelebt hatte, liegt nun so weit entfernt, fast Jahrhunderte zurück, und ich komme mir wie ein Siebenschläfer vor, der in einer kühlen Höhle sanft entschlummert war.

8. August

Der Siebenschläfer, wenn er nach Jahrhunderten aufwacht, kommt sich wie ein Gast vor, ein Gast in der eigenen Heimat. Man wird wie ein Gast behandelt, bewirtet und verwöhnt. Aber gerade diese Gastfreundschaft ist verletzend, weil man eigentlich noch irgendwie hierher gehört. Es ist aber eine Tatsache, daß ich inzwischen auch zu einem anderen Sprach- und Kulturkreis gehöre. Ich gehöre zwar zu zwei Sprachen und zwei Ländern, aber in beiden bin ich nur ein Gast.

Die Gastfreundschaft meiner Angehörigen verstärkt das Gefühl des Fremdseins, vielmehr des Entfremdetseins. Und wenn man sich dementsprechend – also wie ein Gast – benimmt, zurückhaltend und objektiv, wird man von Vorwürfen überschüttet: »Gefällt es dir nicht mehr bei uns?« und so weiter.

Bin ich nun eine Deutsche, die in der Türkei geboren ist, oder eine Türkin, die in Deutschland lebt?

Man nimmt es mir auch übel, daß ich die Höflichkeitsfloskeln nicht mehr so gut beherrsche. Im Türkischen gibt es mehr Höflichkeitsfloskeln als im Deutschen. (Die Türken sind offenbar höflicher als die Mitteleuropäer.) Diese fast übertriebene Höflichkeit gehört hier zu den wichtigsten Gesellschaftsregeln. Für jede Situation gibt es eine bestimmte Floskel. Wenn jemand sich etwas Neues zum Anziehen gekauft hat, muß man »Du mögest es lachend tragen« sagen. Oder wenn man von jemandem einen Kaffee serviert bekommt, muß man »Gesundheit für deine Hände« sagen. Das alles kommt mir irgendwie komisch vor, wenn ich die Floskeln bewußt oder unbewußt automatisch ins Deutsche übersetze. Und da solche höflichen Wendungen im Deutschen meistens keine Entsprechungen haben, fallen sie mir in einer Situation, in der ich sie gerne gebraucht hätte, nicht ein.

Ähnlich ging's mir heute beim Telefonieren. Mir fielen nur deutsche Ausdrücke wie »anmelden« oder »Ferngespräch« ein. Ich habe eben keine Übung, das ist alles. Bis vor kurzem lebte ich in einer anderen Sprache und bediente mich ihrer Ausdrücke.

Als ich am Telefon zu stottern begann, nahm meine Schwester mir den Hörer weg und sprach für mich.

10. August

Meine Schwester ist nicht nur meine Zunge, sondern auch meine beste Freundin, obwohl wir uns nicht immer gut verstehen. Sie erleichtert mir den Aufenthalt in – fast hätte ich »in der Fremde« gesagt.

Natürlich gibt es zwischen mir und meiner Schwester Streitpunkte. Daß sie zum Beispiel sehr spät aufsteht, während ich, bevor der Muezzin das Morgengebet gesungen hat, wach bin. Das Frühaufstehen bin ich eben von Deutschland gewöhnt. Jetzt stelle ich zwar keinen Wecker – ich bin ja auf Urlaub –, aber dennoch wache ich auf, wenn die Sonne hinter der Kaschik-Insel allmählich aufsteigt.

Und es dauert noch Stunden, bis meine Schwester aufsteht, und noch weitere Stunden, bis sie auf dem Balkon frühstückt, und noch weitere Stunden, bis sie entscheidet, ob wir zum Schwimmen gehen sollen oder nicht.

»Es ist kühl heute«, meint sie. Dabei schwitze ich, und bei dem Wetter hätte es in München sicherlich hitzefrei gegeben. Aber ich überrede sie immer. Schließlich ist sie eine Türkin, höflich, freundlich, gastfreundlich, sanft und weich.

Dann liegen wir am Strand, das Meer murmelt leise, die Möwen kreischen, am Anlegeplatz tutet ein Schiff.

»Warum bist du überhaupt nach Deutschland gegangen?« fragt sie mich dann, während sie sich mit Sonnenöl eincremt. »Du könntest doch auch hier studieren. Oder gleich nach dem Studium in Deutschland könntest du in die Türkei zurückkommen. Du hast aber deinen Aufenthalt in Deutschland immer wieder verlängert.«

»Ja«, sage ich, »nun habe ich sogar unbefristete Aufenthaltserlaubnis.«

»Ich weiß nicht«, entgegnet sie, »unbefristet in einem fremden Land... Das könnte ich nicht. Hier ist es viel schöner.«

»Du bist ein Hauskätzchen, und der Begriff ›Freiheit‹ sagt dir nicht viel, was?«

»Und du? Was bist du?«

»Ich?« lache ich, »ich bin die verlorene Tochter!«

»Du bist gerne in Deutschland, nicht wahr?« will sie wissen.

Ich nicke flüchtig.

»Wie kannst du in Deutschland glücklich sein?« staunt sie. »Es ist alles kalt dort, das Klima, die Menschen...«

Natürlich mag ich es nicht, daß die Sonne dort so selten ihr Gesicht zeigt und die Menschen so gleichgültig sind, wenn sie trotzig den Kopf schütteln und »Das ist nicht mein Bier« sagen, wenn es um andere geht. Und ich hasse die Vereinsamung des einzelnen und die eisige Atmosphäre der hochzivilisierten Industriegesellschaft. Andererseits aber liebe ich gerade die Einsamkeit und die Ichbezogenheit (mein Vater sagte mir neulich, die Deutschen seien ein egoistisches Volk, und ich sei wie eine Deutsche geworden), die mir die Möglichkeit gegeben hat, anonym und individuell zu leben und dadurch meine innere Freiheit, meine Persönlichkeit zu entfalten.

Das alles verschweige ich aber, da meine Schwester mich nicht verstehen würde. Hier lebt man und erlebt man alles gemeinsam, und Begriffe wie »Ichbezogenheit« oder »innere Freiheit« haben keine Entsprechung. Meine Schwester stimmt mit mir nur darin überein, daß ich die verlorene Tochter bin, was sie eigentlich bedauert.

»Du bist so anders geworden«, wirft sie mir vor.

»Komm, laß uns ins Wasser gehen«, sage ich, um das Thema zu wechseln.

»Hoffentlich gibt es keine Quallen heute«, murmelt sie bedenklich. Quallen sind ihre Qualen, andere Sorgen kennt sie nicht.

Und in der Ferne schwebt ein Segelboot vorüber, schwerelos wie eine fliehende Wolke.

15. August

Das Meer glitzert in allen blau-grauen Farbtönen. Manchmal hat es andere Farben. Ich glaube, die ändern sich nach Tageszeiten. Am klarsten sind sie kurz vor Sonnenuntergang. Dann hat auch die Küste vor der Stadt einen klaren Umriß, als wäre sie viel näher als sie ist. Dann aber färbt sich alles orange, dunkelrot und schließlich rosarot, und Istanbuls Küste versinkt leise. Dann ist alles verschwommen, traumhaft, unwirklich.

Ich weiß nicht, welches Gesicht der Insel ich am liebsten mag. Vielleicht die grelle Morgendämmerung, wenn die Sonne allmählich hinter der Kaschik-Insel aufsteigt, wenn die Insel noch so still ist. Nur die Möwen sind schon laut. Ich frage mich, wann sie schlafen. Sie alle hocken auf dem breiten Dach einer prächtigen Strandvilla, immer auf demselben Dach, oder fliegen in Scharen über dem Meer, unaufhörlich kreischend. Vielleicht ruhen sie beim Mondaufgang. Ich habe nicht aufgepaßt, weil die Insel beim Mondaufgang meistens sehr laut ist. Strandcafés, Fischerlokale, Discotheken ... Die Uferpromenade stinkt. Es ist viel Abwasser dort. Dennoch glänzt sie jeden Abend mit promenierenden Inselbewohnern, die sehr schick angezogen sind. Und der Mond steigt auf hinter den Hügeln der Hejbeli-Insel, er ist riesengroß und hat eine Farbe wie Bernstein.

18. August

In Deutschland hatte ich Sehnsucht nach den Menschen wie auch nach der Natur, nach der Sonne, nach dem Meer, seinem Perlmuttschimmer, seinem nassen Geruch. Die Menschen hier scheinen aber der Natur überdrüssig zu sein. Für sie üben die Pinienwälder und das Meer nicht denselben Zauber wie auf mich aus. Vor der Sonne fliehen sie in die schattigen Strandcafés und spielen Karten oder Tricktrack. Und der Wirt schaut vergnügt zu, serviert ständig einen dunkelroten Tee, der mir im Magen liegt. Dabei muß man sich die türkische Musik anhören, herzzereißende Klage- und Liebeslieder, die aus allen Lautsprechern dröhnen.
   Da ich nur Gast bin, muß ich mich der Mehrheit anschließen. Ich hatte mich so gefreut, daß mein Urlaub heuer sehr lang ist. Aber nun frage ich mich manchmal, wie die sechs Wochen vergehen werden. Hier läuft alles langsamer, der Verkehr, der Alltag, auch die Zeit. Die Menschen hier haben einen anderen Zeitbegriff.

20. August

Manchmal verwende ich Redewendungen oder Sprichwörter, die es im Türkischen gar nicht gibt. Das merke ich, wenn die Leute mich nicht verstehen und fragend anschauen. Dann weiß ich, daß ich wieder eine deutsche Redewendung automatisch und unbewußt ins Türkische übersetzt haben muß. Manchmal fällt mir die richtige türkische Entsprechung gleich ein, manchmal aber erst hinterher, manchmal sogar gar nicht. Es ärgert mich dann, daß ich im Lexikon nachschlagen muß.
   Wie eine Ausländerin, die Türkisch lernt...

24. August

Fast jede halbe Stunde kommt ein Schiff von der Stadt, das hier anlegt und dann zu den anderen Inseln weiterfährt. Endstation ist die Große Insel, die man aber von meinem Balkon nicht sehen kann, da die Hejbeli-Insel dazwischenliegt.

Die Schiffe schweben wie Schwäne durch das durchsichtige Blau des Wassers. Selbst wenn ich nicht auf dem Balkon sitze und die Schiffe nicht sehe, weiß ich, daß sie kommen, weil ich sie höre. Man hört sie sogar fast von der Kinali-Insel, dem vorletzten Anlegeplatz. Sie sind überfüllt von Ausflüglern, die auf dem Deck Laute und Handtrommel spielen, laut singen und tanzen. Eine solche Heiterkeit ist mir fremd. Ich muß vergessen haben, wie frohmütig Menschen sein können. Die Türken sind trotz ihrer Armut ein fröhliches Volk. Ich glaube, ich beneide sie.

26. August

Die Neologismen im Türkischen bereiten mir die größte Schwierigkeit. Meine Muttersprache ist in einem ständigen Entwicklungsprozeß. Jeden Tag werden neue Wörter gebildet, die zu verwenden vor allem in der jüngeren Generation als »modisch« empfunden wird. Natürlich wäre es übertrieben, wenn ich sagen würde, ich hätte keine gemeinsame Sprache mit meinen jüngeren Geschwistern, so ist es nicht. Aber ich werde jedesmal nervös, wenn modische Neuwörter in ihren Sätzen auftauchen. Manchmal kann ich ihre Bedeutung aus dem Zusammenhang ableiten, manchmal gelingt es mir aber nicht. Es ärgert mich, daß auch die Rundfunk- und Pressesprache von Neuschöpfungen überflutet ist.

Um die Neologismen zu lernen, müßte ich hier lange Zeit leben. Ich bin aber nur auf Urlaub hier, der zwar lang ist, aber dennoch reichen die sechs Wochen nicht aus, um den ganzen neuen Wortbestand des Türkischen zu lernen.

29. August

Der Mond nimmt ab. Er hat keine Bernsteinfarbe mehr, sondern einen erloschenen metallischen Glanz. Seine fahlen Lichtspuren glitzern über dem dunkelblauen Wasser.

Wie oft hatte ich in München von dieser Aussicht geträumt, an meinem Mansardenfenster stehend und über die trostlosen Hochhäuser der Leopoldstraße blickend, mit einem Herz voller Heimweh. Nun stehe ich vor ihr, und mein Herz wird bewegt von gemischten Gefühlen, ich empfinde so etwas wie Heimweh, diesmal Heimweh nach Deutschland. Und plötzlich habe ich das Bedürfnis, die deutsche Sprache zu hören. In München war's umgekehrt. Manchmal ging ich sogar zum Hauptbahnhof, dem Treffpunkt meiner Landsleute, um türkische Wortfetzen aufzunehmen. Wenn ich auf der Straße oder in der U-Bahn jemanden Türkisch reden hörte, lauschte ich wie verzaubert dem Sprachklang.

Wie kann ich hier die deutsche Sprache hören? Hier gibt es zwar auch einen Hauptbahnhof, der aber kein Treffpunkt von deutschsprechenden Menschen ist.

Ich versuche, auf meinem Kofferradio einen deutschen Sender zu finden. Nur für kurze Augenblicke gelingt es mir, deutschen Sprachklang wahrzunehmen, nur für einen Sekundenblitz, dann wird alles von dem unvermeidlichen, unangenehmen Zischen im Hintergrund übertönt und weggewischt.

31. August

Oft ertappe ich mich beim Türkischreden dabei, die zahllosen grammatischen Endungen zu analysieren, die der Vokalharmonie unterliegen und deshalb unzählige Varianten haben, mit denen meine Muttersprache funktioniert. Im Deutschen ist es viel einfacher, denke ich, weil die grammatischen Beziehungen nicht durch zahllose Endungen gebildet werden. Ich denke über die Endungen des Türkischen nach und versuche, Regeln abzuleiten. Plötzlich stelle ich fest, daß es für Aorist keine bestimmte Regelung gibt. Wie schön, daß es im Deutschen keinen Aorist gibt!

3. September

Die Geldfälscher-Felsen sind hinter der Insel, weit entfernt von der Uferpromenade. Man muß entweder mit einem Motorboot hinfahren, oder einen langen Fußweg durch Pinienwälder auf dem Hügel zurücklegen, an Möwennestern vorbei. Wie die Sage berichtet, haben im Mittelalter Seeräuber in den Felsenhöhlen gewohnt und Geld gefälscht. Heute sind die Felsen der beliebteste Ausflugs- und Badeort der Insel.

Meist komme ich am frühen Vormittag hierher, allein, weil die anderen noch schlafen. Ich bleibe dort, bis die ersten Ausflügler in Scharen erscheinen.

Ich sitze auf einem Felsen, mit einem Notizblock auf dem Schoß, und versuche zu schreiben. Urlaubsnotizen. Ein langer Brief von einem langen Urlaub. Ich schreibe einen Brief an eine deutsche Freundin: »... Das Wasser ist still, glasig grün. Vom Meeresgrund leuchten bunte Kieselsteine herauf. Die Oleander glühen giftig rosa, ihr Duft vermischt sich mit dem Duft der Tamarisken... Hier würde es Dir bestimmt auch gut gefallen...«

Auch dir? Und gefällt es mir hier überhaupt? Ich weiß es nicht. Irgendwas fehlt. Die Entfremdung ist schmerzhaft. Ich stelle mir die Frage: Was ist besser? Fremdsein oder Entfremdetsein?

Beides sind keine Alternativen. Aber als second-best-Lösung würde ich das Fremdsein vorziehen. Wenn man irgendwo fremd ist, ist man eben fremd. Man zieht die Konsequenzen daraus und verhält sich dementsprechend. Aber die Entfremdung ist das Gefühl der absoluten Heimatlosigkeit. Ich zerreiße den Brief. Am liebsten würde ich dichten. Ich weiß aber nicht, in welcher Sprache. Eigentlich sollte die Muttersprache etwas ganz Persönliches, Privates, Vertrautes sein. Eigentlich sollte ich jetzt auf türkisch dichten können. Oft bietet mir aber die deutsche Sprache einen präziseren Ausdruck als die türkische, oder ein deutscher Gefühlsausdruck läßt sich besser für eine spezifische Situation reflektieren, zum Beispiel einen morgendlichen Spaziergang zu den Geldfälscher-Felsen. Deshalb weiß ich nicht, welche von den beiden Sprachen ich besser beherrsche. Ich weiß nur, daß ich in zwei Sprachen lebe, und Sprache ist für mich im weitesten Sinne ein zu bewohnendes und bewohnbares Reich. Da ich nicht gleichzeitig in beiden zuhause sein kann, bin ich also in keinem der beiden zuhause, sondern nur dazwischen, immer unterwegs, jeden Tag 2000 Kilometer hin und her in einem imaginären Zug, und erschöpft von der Fahrerei.

7. September

Die türkischen Lieder, die aus allen Fischerlokalen und Strandcafés dringen, stören nicht mehr meine Ohren. Wenn man richtig hinhört, stellt man sogar fest, daß ihre Texte sehr poetisch sind, im Gegensatz zu deutschen Schlagern.

Inzwischen habe ich das Tricktrackspiel gelernt. Es ist gar nicht so langweilig, wie ich gedacht hatte.

8. September

Ich kann jetzt den starken Blättertee gut vertragen, ich genieße ihn sogar wie die Einheimischen. Auch die Sprache kann ich jetzt irgendwie genießen. Ich finde sie klangvoll, vor allem wegen der Vokalharmonie, die mir zu Beginn meines Urlaubs so eintönig erschien.

Manchmal frage ich mich, ob ich die deutsche Sprache verlernt habe, da ich mich nun im Türkischen allmählich zuhause fühle.

Mir fehlt nun die Geübtheit im Deutschen, und ich habe Angst davor, einen Artikel oder eine Tempusform falsch zu gebrauchen, wenn ich wieder in Deutschland bin. Ich kann aber die deutsche Sprache gar nicht verlernt haben, da ich deutsch denke und manchmal sogar deutsch träume. Ich erinnere mich, daß es in Deutschland umgekehrt war. In einer neuen Sprachumgebung klammert man sich also an die alte Sprache, indem man – da man sie nicht sprechen kann – in ihr denkt und träumt, um sie nicht zu verlernen, nicht verlieren zu müssen.

Ich hänge offenbar an meinen beiden Sprachen und will keine von ihnen verlieren.

10. September

An vieles erinnere ich mich wieder. Wie man sich beim Einkaufen benimmt, wie man runterhandelt und so. Meine Mutter nimmt mich zum Wochenmarkt mit. Dort finde ich den wahren Orient aus Tausendundeiner Nacht. Ich genieße das bunte Durcheinander und mache keine Photos mehr.

Ich habe mir die Vornamen der Verkäufer gemerkt, denn hier redet man sich – selbst wenn man sich kaum kennt – mit Vornamen und Verwandtschaftsbezeichnungen an. Und diese Herzlichkeit gefällt mir.

Ich versuche, mich auch so zu benehmen.

»Tante Rukije«, sagte ich neulich zu der Gemüserhändlerin, »ein Kilo Tomaten bitte.«

Sie aber schaute mich mißtrauisch an und fragte:

»Du bist aus Deutschland, nicht wahr?«

So ist es also. Hier bin ich »die aus Deutschland«, während ich für meine Nachbarn und Kollegen in München »die aus der Türkei« bin.

Die Heimkehr
oder
Tante Helga und Onkel Hans

»Wir sind nicht mehr in Deutschland«, sagt mein Mann. Und ich soll mich dementsprechend benehmen. Zurückhaltend, schweigsam. Schick und still wie eine Puppe. Und der Drahtzieher ist nicht mein Mann, sondern die hiesige Gesellschaftsordnung.

Ich weiß nicht, wer von uns beiden mehr darunter leidet, nicht mehr in Deutschland zu sein. Mein Mann oder ich? Er zieht sich zurück in sein Arbeitszimmer und liest Bücher in deutscher Sprache, die wir in Kisten hierher transportiert haben. Und abends dreht er verzweifelt am Knopf des Kofferradios, um einen deutschsprachigen Sender zu empfangen. Manchmal ist es Österreich, was er gerade erwischt, manchmal die Deutsche Welle. Aber es dauert nicht lang. Nur für kurze Augenblicke genießen wir deutschen Sprachklang, dannn wird alles weggewischt von dem nervenraubenden Zischen im Hintergrund.

»Warte mal«, sagte ich zu meinem Mann, »ich hab eine Überraschung für dich.«

Meine Überraschung sind einige Kassetten, die ich vor unserer Abreise in München vom Radio aufgezeichnet habe. Bayern III mit Musik und vielen Gesprächen zwischendurch. Neugierig legt mein Mann die Kassette auf.

Hier ist Bayern III, die Servicewelle von Radio München. Nun einige Verkehrsmeldungen. Stadtverkehr: zähflüssiger Verkehr am Heimeranplatz Richtung Stadtmitte. Die Autofahrer werden gebeten, die Umleitung... Und nun zurück zu unserer weiß-blauen Hitparade. Sie hören den Schneewalzer, präsentiert von...

»Du bist ein Schatz«, lobt mich mein Mann, »das ist wirklich eine nette Überraschung.«

Wir hören die Kassetten, vor allem den Schneewalzer, Tag und Nacht.

Wir haben hier wenige Bekannte, geschweige denn Freunde. Ich spüre es mehr und mehr, daß wir hier Fremdlinge sind. Wir sind hier genau wie dort, in Deutschland, Exoten. Aber ich gebe zu, daß wir uns manchmal nicht wie Einheimische benehmen, sondern wie Touristen. Oft bleiben wir vor historischen Bauten stehen, an denen die Bewohner der Stadt uninteressiert vorbeigehen, vor prachtvollen Moscheen, Torbögen und Karawansereien. »Ist nicht alles wunderbar?« fragt mein Mann. Ich nicke. Dennoch fehlt etwas. Wir beide sind irgendwie deprimiert, wenn wir nach langen Stadtbesichtigungen todmüde heimkommen.

Heim? Ist das hier unser Heim? Die teuere Dachterrassenwohnung an der Hauptstraße. Noch nicht möbliert. Wir halten nicht viel von modischen Möbeln. Wir haben uns provisorisch eingerichtet. Schlicht und auf orientalische Art, mit niedrigen Diwans und so. Und viele Bücher liegen herum, meistens Bücher in deutscher Sprache. Wir haben noch keine Bücherschränke gekauft. Gemessen an unseren anspruchslosen Dozentengehältern ist hier alles unglaublich teuer.

Von unserer Terrasse aus sieht man den Hohen Berg, das berühmteste Skizentrum der Türkei, von blauen Dunstwolken umhüllt. Wir stehen auf der Terrasse und stellen uns vor: die Alpen ... es ist fast derselbe Blick, den wir bei klarem Wetter auch von unserem Mansardenfenster in München hatten. Man hängt so sehr an Erinnerungen.

Mein Mann und ich, wir haben ein Spiel entwickelt, das außer uns beiden niemand kennt: Das Vergleich-Spiel. Wir vergleichen alles, wie es dort war und wie es hier ist. Wir versuchen, Ähnlichkeiten zu finden oder zu erfinden. Wir vergleichen zum Beispiel München mit dieser Stadt in der Türkei, die von verschneiten Bergen umgeben ist. Durch die Stadt fließt ein kleiner Fluß, der Seerose-Bach heißt und so schillernd und durchsichtig grün ist wie die Isar.

Von unserer Terrasse aus haben wir auch einen schönen Blick über den Kultur-Park, der sich mit dem Englischen Garten vergleichen läßt. Die Hauptstraße mit vielen Geschäften und Kinos, an der wir wohnen, taufen wir in »Leopoldstraße« um.

Das Vergleich-Spiel wird bei uns allmählich zu einer Krankheit, stelle ich fest. Wir können nicht aufhören zu vergleichen und zu identifizieren, auf der Suche nach der eigenen Identifikation.

Ich soll mich benehmen wie eine Türkin. Schweigsam und schick. Ich soll regelmäßig zum Friseur. Ich lasse mich umformen in den Händen meiner Schwester, Kusinen und Schwägerinnen. Mir bleibt ja nichts anderes übrig. Sie schleppen mich zum Friseur. Ich mache alles mit. Wie im Traum. Und das ist nicht mein wahres Ich, denke ich, wenn ich in den Spiegel schaue und ein anderes Ich sehe mit Lockenwicklern auf dem Kopf.

»Sie waren also in Deutschland«, sagt mein Friseur, »und warum sind Sie zurückgekommen?« Warum? Ein anderes Ich lächelt im Spiegel. Höflich und unpersönlich. »Ich an Ihrer Stelle wäre dort geblieben«, äußert sich mein Friseur, während er die Sprühdose in die Hand nimmt. Ich hasse den Geruch von Haarspray.

Und im Schuhladen geht es mir ähnlich. »Hohe Absätze«, plädieren meine Schwester, Kusinen und Schwägerinnen. Ich bin nicht daran gewöhnt, auf hohen Absätzen zu gehen. Ich vermisse meine Turnschuhe, die ich während des Umzugs im Speicher unserer Mansardenwohnung in München zurückgelassen habe.

Trotz aller Mühe, die wir uns geben, fallen wir, mein Mann und ich, auf. Alles, was wir machen, ist ein Dorn im Auge der anderen. Alles, was wir machen, wird heftig kritisiert. Die langen Wanderungen mit Rucksäcken in der Umgebung der Stadt, Bergsteigen, Langlauf, unsere vielen Bücher und die romantischen Abende mit Kerzenlicht und Beethoven werden zum Klatschthema der ganzen Verwandt- und Bekanntschaft. Es ist doch völlig egal, wieviele Stunden ich unter der Trockenhaube sitze. Im Endeffekt bin ich doch die Ausländerin aus dem eisigen Norden, obwohl ich einst hier geboren wurde. Alles wird kontrolliert, unter die Lupe genommen und an die große Glocke gehängt. »Ihr seid nicht mehr in Deutschland«, sagt mein Schwiegervater mit gerunzelter Stirn. Und der kleine Sohn meiner großen Schwägerin nennt uns »Tante Helga und Onkel Hans«. Und Tante Helga und Onkel Hans haben Anpassungsschwierigkeiten und Heimweh nach Deutschland. Aber niemand versteht sie.

Jeden Tag warte ich auf die Post, bevor ich die Wohnung verlasse. Die Post ist plötzlich für mich so wichtig geworden. Ich erwarte Post aus Deutschland, von unseren deutschen Freunden. Die Post ist für mich die einzige konkrete Verbindung zu Deutschland.

Manchmal läßt sie lange auf sich warten, und ich schimpfe dann auf unsere deutschen Freunde, sie seien untreu. Mein Mann tröstet mich. Und eines Tages liegen im Briefkasten auf einmal viele Briefe mit dem Stempel »Deutsche Bundespost«.

»Ich vermisse Dich«, schreibt Reingard. Während ich die Zeilen lese, höre ich ihre sanfte Stimme mit dem leichten süddeutschen Akzent. »Die Weihnachtsvorbereitungen haben schon angefangen«, schreibt sie, »die Schaufenster sind bunt beschmückt.« Und Monika schreibt: »Seitdem Du weg bist, haben wir uns nur ein paarmal in der Engelsburg, unserem Stammlokal, getroffen. Es hat sich nichts geändert. Walter sucht immer noch einen Job, und Erika arbeitet als Journalistin bei der Augsburger Zeitung. Und wie geht es Dir? Bist Du zufrieden mit Deiner neuen Existenz als Dozentin für Deutsche Philologie in der Bayern-Filiale der Türkei, wie du diese Stadt immer beschrieben hast?«

Ob ich zufrieden bin? Zufrieden vielleicht schon, aber nicht glücklich.

Zum Glück haben wir unsere Kaffeemaschine mitgebracht. Die stand in der Küche unserer Mansardenwohnung in dem Schwabinger Altbau an der Münchner Freiheit. Die Küche war ohne jeglichen Komfort wie die Wohnung selbst, aber geräumig und hell. Unsere jetzige Küche, ausgestattet mit modernsten Geräten, ist eng und dunkel. Die Kaffeemaschine erinnert mich an die Mansardenwohnung in Schwabing wie die Biergläser, die wir mitgebracht haben und die jetzt auf dem Regal der dunklen Küche stehen: Löwenbräu, Hofbräu, Hackerbräu, gut, besser, Paulaner. Hier gibt es keine große Auswahl in bezug auf Biersorten. Und die wenigen Biersorten, die es hier gibt, schmecken uns nicht.

In München benutzte ich die Kaffeemaschine fast nie. Dort kochten wir Kaffee auf türkische Art. Türkischer Mocca, den wir aus zierlichen Täßchen tranken. Aber seitdem wir hier sind, trinken wir nur deutschen Kaffee. Filterkaffee aus großen plumpen Porzellantassen. Zum Glück haben wir nicht nur die Kaffeemaschine mitgebracht, sondern auch einige Dosen deutschen Kaffee und

Filterpapier. Bald werden sie uns aber ausgehen. Hoffentlich bringen uns die deutschen Freunde, die uns im Sommer hier besuchen wollen, einige Dosen mit. Ich weiß nicht, wie ich ohne den deutschen Filterkaffee wach werden und den Tag beginnen könnte.

Ich träume immer wieder von München. Ich träume, daß ich in der Cafeteria des Germanistischen Instituts sitze und rauche. Um denselben Tisch sitzen meine Studienkollegen und beneiden mich um meine Dozentenstelle in der Türkei. Ich träume weiter: Ich gehe durch das Siegestor, hinter mir die Ludwigstraße mit ihrer antiken südlichen Architektur, vor mir die Leopoldstraße mit ihren glänzenden Neonlichtern.

Am nächsten Morgen erzähle ich meine Träume meinem Mann. Beim Frühstück. Wir essen türkische Sesamkringel, nach denen wir in München große Sehnsucht hatten. »Die Sesamkringel schmecken nach nichts«, bemerkt mein Mann, »warum hast du in München nicht gelernt, Brezeln zu backen?« Dann fügt er hinzu: »Und hör damit auf, mir deine Träume zu erzählen. Ich habe einen langen anstrengenden Tag vor mir.«

Dabei verschweigt er, daß er oft ähnliche Träume hat. Nur einmal hat er es mir gestanden. »Durch das Siegestor«, sagte er, »ging ich, aber hinter mir war's dunkel, und vor mir leuchteten keine Neonlichter.«

In unserer hiesigen Wohnung liebe ich nur den Duft der Quitten, die wir jeden Dienstag vom Wochenmarkt mitnehmen. Dienstags ist Wochenmarkt in unserem Stadtviertel. Vielleicht ist der Quittenduft das einzige, was ich in unserem neuen Leben mag. Das ist für mich eine Erinnerung an die Kindheit und die frühe Jugend, als ich noch nicht nach Deutschland gegangen war. Nur der Quittenduft vermittelt mir ein Heimatgefühl. Alles andere ist mir fremd, vielmehr entfremdet. Nur wegen des Quittendufts gehe ich mit meinem Mann zum Wochenmarkt. Dort erlebe ich den wahren Orient im ewigen Geschrei der Straßenhändler, die ihre Waren anpreisen, im rubinroten Glanz der Granatäpfel, im leuchtenden Gelb der Maiskörner und im betörenden Duft der Quitten. Wir füllen unsere Körbe und tragen sie heim (heim?) durch enge staubige Gassen und über schmale Stege. Arm in Arm. Wie in einem Schauspiel, das wir inszeniert haben und in dem wir auch selber mitspielen. Der Wochenmarkt ist für mich die größte Attraktion hier.

Mein Mann entdeckt immer wieder neue Sehenswürdigkeiten. Diese Entdeckerlust habe ich nicht. Aber ich mache mit, um die Langeweile zu vertreiben.

»Eine ehemalige Karawanserei«, erzählt mein Mann, als wir durch die Torbögen gehen und den Hof betreten, in dem ein Springbrunnen leise murmelt. Heute dient der Hof der Karawanserei als ein überdachter Marktplatz. Die ehemaligen Herbergszimmer sind Läden, in denen seidene Handtücher verkauft werden, eine Spezialität dieser Stadt. Wir setzen uns auf eine Bank am Springbrunnen, und mein Mann holt Tee für uns. »Und die Mosaiken«, macht er mich aufmerksam, »die türkisfarbenen Tulpen, altosmanische Arabesken.«

Ich streichele eine streunende Katze, nehme einen Schluck vom dunkelroten Tee und schließe die Augen. »Ich werde alles Reingard berichten«, sage ich zu meinem Mann, »ich werde ihr einen langen Brief schreiben und erzählen, wie schön es hier ist.«

Ich schreibe keine Briefe, sondern Romane. Ich weiß, daß Reingard oder Monika oder Walter keine Zeit dazu haben werden, meine Briefe so ausführlich zu beantworten. Ich weiß, daß dort andere Zeitbegriffe herrschen als hier. Hier hat man Zeit. Zeit für alles, sogar für den Friseur, Zeit, um stundenlang unter der Trockenhaube zu sitzen und anhören zu müssen, wie dumm einer ist, der das Paradies Deutschland verläßt.

Es sind nur kurze Augenblicke, die so zauberhaft sind wie die im kühlen Hof einer ehemaligen Karawanserei oder in der Säulenhalle des Grünen Mausoleums oder unter den Kuppeln der Großen Moschee. Tante Helga und Onkel Hans sind in Wirklichkeit keine Touristen, obwohl sie hier von vielen Leuten für solche gehalten werden. Sie kennen auch den Alltag hier, sie lernen ihn allmählich kennen. »Länger als eine Stunde«, berichtet Tante Helga ihrem Mann, »habe ich heute auf den Bus warten müssen. Im eisigen Sprühregen. So was käme in Deutschland nie vor. Schließlich kam der Bus. Überfüllt natürlich. Die Leute standen dicht gedrängt wie die Ölsardinen in der Büchse. Und dann die lange Fahrt bis zu meiner Fakultät außerhalb der Stadt. Mit der schweren Tasche. Endlich kam ich an. Mit einer Stunde Verspätung. Ausgerechnet ich mit meiner strengen Arbeitsmoral. Aber auch die Hälfte der Studenten fehlte. Wahrscheinlich aus demselben Grund. Verkehrschaos wegen dem bißchen Regen. In der Uni funktionierte die Zentralheizung nicht. Die Studenten froren. Ich wollte meine Übungsblätter fotokopieren, aber das Fotokopiergerät war wieder einmal defekt.«

»Falle nicht vom Stuhl«, sagt Onkel Hans zu seiner Frau, »auch in unserer Wohnung ist heute die Zentralheizung kaputt. Die Reparatur wird wahrscheinlich lange dauern.«

Tante Helga und Onkel Hans hüllen sich in Wolldecken, trinken heißen Tee und hören Konservenmusik vom Kassettenrecorder: Schneewalzer. Und die Abende sind lang hier, unendlich lang.

Die Nachbarinnen haben mir Nachricht geschickt, daß sie mich besuchen wollen. Ich muß die hiesigen Gesellschaftsregeln vergessen haben. So ist es hier. Wenn eine Familie neu eingezogen ist, wird sie von der ganzen Nachbarschaft willkommen geheißen. Der Willkommensbesuch ist eine alte Tradition.

Tante Helga in der Rolle der ungeschickten Hausfrau. Und in der ewigen Fremdlingsrolle.

Die Nachbarinnen sind schick. Sie alle haben goldene Armreifen, die bei jeder Armbewegung klirren. Und sie bewegen ihre Arme ständig, wenn sie etwas erzählen. Sie sind temperamentvoll und besitzen eine fast animalische Vitalität. Und ich stehe hilflos da wie eine Ausländerin aus dem eisigen Norden.

»Es wird dir bei uns sicherlich gut gefallen«, sagt die Frau des Hausbesitzers, während ich zu lächeln versuche und frage, ob die Damen deutschen oder türkischen Kaffee möchten.

»Hast du Nescafé, Schätzchen?« fragt eine Nachbarin.

Die meisten dieser Frauen haben erwachsene Kinder. Aber während der Unterhaltung erfahre ich, daß sie jünger sind als ich. Trotz ihrer Vitalität wirken sie jedoch älter als ich, obwohl ich zugeben muß, daß sie ihre Gesichtsfältchen und grauen Haare sehr gut zu verdecken wissen. Ich komme mir immer hilfloser vor, während ich den Nescafé serviere. In diesem Augenblick wäre ich viel lieber bei meinen Freunden. In einem Studentencafé in Schwabing oder in einem schattigen Biergarten an der Isar.

Aber diese Frauen, die meine Gäste sind, die so freundlich und temperamentvoll sind, ratschen und ratschen über Themen, die mir fremd sind. Wir haben keine gemeinsame Sprache, stelle ich fest, obwohl sie meine Muttersprache reden. Sie berichten auch von der modernen Einrichtung in ihren Wohnungen, auf die sie sehr stolz sind. Und sie wundern sich über unsere schlichte Einrichtung auf orientalische Art.

»Und das Geld«, sagt plötzlich eine mit auffälligen Ohrringen, »es ist zur Zeit zu knapp. Kommt ihr gut aus, mein Engel? Universitätsdozenten verdienen ja bekanntlich weniger als Straßenverkäufer und Schuhputzer.«

»Es geht«, murmele ich wie im Traum. In Gedanken sitze ich in Monikas Einzimmer-Appartement. Wir schreiben eine Seminararbeit über Wolfram von Eschenbach oder Hermann Hesse. Wir ratschen auch zwischendurch. Auf unsere Art. »Ob wir nach dem Examen eine Anstellung finden können?« fragt Monika nachdenklich. »Du hast es aber gut. Du kriegst die Dozentenstelle in der Türkei.« Ich nicke fröhlich.

»Es war kein Besuch, sondern eine Inspektion, ein Überfall«, erzähle ich meinem Mann von dem Besuch der Nachbarinnen. Er geht im Wohnzimmer auf und ab, Pfeife rauchend, nervös, nachdenklich, die Hände in die Hosentaschen gesteckt.

»Und wie war's heute bei dir im Institut?« frage ich ihn.

»Ich suchte einen Artikel in der Bibliothek«, antwortet er mürrisch, »einen Artikel in einer deutschen Zeitschrift. Aber hier gibt es sehr wenige deutsche Zeitschriften. Und diesen Artikel brauche ich dringend für das Forschungsprojekt, an dem ich beteiligt bin.«

»Kannst du hier die Zeitschrift nicht durch die Fernleihe bestellen lassen?«

»Es würde doch Wochen dauern, wenn nicht Monate. Nicht einmal die ›Süddeutsche Zeitung‹ gibt es hier, die ich am meisten vermisse.«

Ich schweige.

Ich versuche, mir einzureden, daß es überall gleich oder wenigstens ähnlich ist. In München so wie hier. Dennoch haben wir Anpassungsschwierigkeiten. Mein Mann und ich. Und wir leiden darunter. Andererseits aber haben wir Angst davor, uns an die hiesige Gesellschaft, an die hiesigen Verhältnisse richtig anzupassen. Wenn ich's mir so überlege, stelle ich fest, daß wir uns in Wirklichkeit gar nicht ändern wollen. Aber man ändert sich trotzdem. Allmählich. Ohne es zu merken. Ich ändere mich und bleibe doch gleich, und ich weiß nicht mehr, wer ich bin.

Gegenbesuch bei den Nachbarinnen. Es gehört dazu. Wenn man Besuch bekommt, muß man einen Gegenbesuch abstatten. Über mich ergießt sich die türkische Gastfreundschaft. Ich muß zugeben, daß ich nicht so gastfreundlich war, als diese Frauen mich besucht hatten. Was müssen sie alles von mir gedacht haben?

»Noch ein Stück Baklava, bitte«, sagt die Gastgeberin und füllt meinen Teller mit der süßen Blätterteigpastete, »die schmeckt sicherlich besser als eure Apfeltorten in Deutschland.«

Unsere Apfeltorten? Wieso »unsere«?

»Du schweigst ja die ganze Zeit«, bemerkt eine Nachbarin vorwurfsvoll, »erzähl uns doch von Deutschland, Herzchen. Stimmt es, daß Frauen dort mehr Freiheit haben als wir?« Mehr Freiheit? Was ist denn »Freiheit« überhaupt? Tante Helga, in der hilflosen Puppenrolle, starrt vor sich hin und schweigt. Sie versucht, ihre Blätterteigpastete aufzuessen, obwohl sie nicht in der Lage ist, noch einen Bissen herunterzukriegen. Deshalb ist sie einer anderen Nachbarin dankbar, die ihr ihren neuen Vollwaschautomaten zeigen will. Das lenkt die Gastgeberin vom weiteren Anbieten ab. Die Frauen besichtigen bewundernd die moderne Waschmaschine, während Tante Helga die Hand auf ihrem Magen hält, um das Sodbrennen zu stillen.

Draußen heult die in »Leopoldstraße« umgetaufte Hauptstraße genauso laut wie die wahre Leopoldstraße. Und ich höre das Abendgeläute der St.Ursula-Kirche irgendwo in der Nachbarschaft. Mein Mann schaut auf die Uhr.

»Dort ist es jetzt zwei Stunden früher«, bemerkt er, »Zeit für den Weltspiegel im Ersten.«

Nur zwei Stunden mit der Lufthansa, denke ich. Und wir wären schon in unserer alten Mansardenwohnung. Wie durch einen Zauberschlag. Aber wir haben keinen Zauberstab.

Ich merke, daß ich allmählich meine klare Auffassung von Raum und Zeit verliere. Ich schwebe nur. Zwischen zwei Welten. Teils betrachte ich die schillernd grüne Isar, während ich den Seerose-

Bach entlang gehe in Richtung des Wochenmarkts, teils rauche ich in der Cafeteria des Germanistischen Instituts in München und träume von der Säulenhalle des Grünen Mausoleums.

Es sind nur kurze Augenblicke, die so zauberhaft sind wie die im kühlen Hof der ehemaligen Karawanserei. In Wirklichkeit lebt man von Erinnerungen und Träumen, während man zwei Gesichter entwickelt. Ein künstlich strahlendes bei Kollegen und Nachbarn und ein trauriges, stilles in der Dachterrassenwohnung, wenn man sich in seine deutschen Bücher vergräbt oder verzweifelt am Knopf des Kofferradios dreht. Und man lebt wie im Zeitlupentempo, blei- schwer wie in einem Traum.

»Manchmal«, sagt mein Mann, »überlege ich mir, ob unsere Ent- scheidung richtig war, heimzukehren. Manchmal überlege ich mir, ob es nicht doch richtiger wäre, nach Deutschland zurückzugehen. Wir haben ja unbefristete Aufenthaltserlaubnis. Die Einreise dürfte nicht schwer sein.« »Also eine zweite Heimkehr?«, antworte ich lä- chelnd, halb scherzend, halb ernst. Der Gedanke, nach Deutsch- land zurückzugehen, klingt zwar verrückt. Aber ich gebe zu, daß er reizvoll ist. Und auf einmal fühle ich mich so erleichtert.

»Wie stellst du dir denn alles vor?« frage ich meinen Mann.

»Einfach«, erwidert er, »nur so. Einpacken und Zurückfahren.«

Warum haben wir eigentlich damit so lange gewartet?

»Und jetzt?« frage ich. Wir mußten auf so vieles verzichten, als wie hierher kamen, als wir heimkehrten. Und wenn wir noch einmal heimkehren, müssen wir wieder auf einiges verzichten. Auf die Sicherheit zum Beispiel. Auf die akademische Laufbahn, auf die Beamtenstelle auf Lebenszeit.

»Lebenslängliche Sicherheit ist auch nicht so schön«, bemerkt mein Mann, und ich füge hinzu: »Unbefristete Freiheit ist viel schöner.«

»Ja, ja«, nickt mein Mann, »und wir bauen uns dort eine neue Exi- stenz auf.«

Wieder eine neue Existenz ...

»Und jetzt?« wiederhole ich.

»Einpacken«, sagt mein Mann.

Während Onkel Hans einpackt, rennt Tante Helga zum Postamt. Es schneit. Es ist ein nasser, weicher Schnee, der sofort schmilzt.

Tante Helgas Regenmantel ist ganz naß. Sie nimmt keinen Bus, kein Taxi, sie geht zu Fuß, sie fühlt sich so leicht. Und die Passanten wundern sich über diese exotische Erscheinung, über die blonde, unfrisierte Frau, die in einem schlichten, völlig durchnäßten Regenmantel tanzend und singend die Hauptstraße entlang rennt, noch dazu ohne männliche Begleitung. Sie stürzt in eine Telefonzelle beim Postamt und wählt eine lange Nummer mit vielen Vorwahlnummern. Am anderen Ende des Drahtes klingelt es. Es ist ein langer Draht, über 2500 Kilometer lang. Eine sanfte Stimme mit leicht süddeutschem Akzent meldet sich.

»Reingard«, sage ich außer Atem, »wir kommen zurück. Sorg bitte dafür, daß wir unsere alte Wohnung wieder bekommen, wenn sie noch nicht vermietet ist.«

»Ich freue mich so«, ruft die Freundin, »und wenn sie vermietet ist, könnt ihr eine Zeitlang bei mir wohnen.« Ich weiß nicht mehr, was wir geredet haben. Es war jedenfalls ein kurzes Gespräch. Ich lege auf und renne zur Dachterrassenwohnung zurück, um meinem Mann beim Einpacken zu helfen. Aber er ist inzwischen schon fertig. Manchmal geht Einpacken schneller als Auspacken, zumal wenn man keine Möbel hat.

Als der Hausbesitzer erfährt, daß wir sofort kündigen wollen, grinst er schadenfroh. Ich merke, wie er sich freut, daß er uns, die beiden Fremdlinge, los wird.

»Ich habe lange genug euren Schneewalzer hören müssen«, brummt er, während er die Schlüssel in Empfang nimmt. Die Wände sind dünn in modernen Wohnungen.

»Wir sind wieder am Nullpunkt«, sagt mein Mann, als wir in einer Lufthansa-Maschine sitzen, »wir sind wieder da, wo wir angefangen haben. Wir sind nicht vom Fleck gekommen.«

Wir sind heimatlos nach wie vor.

Die Räder bewegen sich langsam. Es ist genau 7.50 Uhr, Abflugszeit.

»Die deutsche Pünktlichkeit«, bemerkt mein Mann lächelnd, »weißt du noch, wie wir uns gewundert hatten, wenn manchmal Linienbusse in der Türkei zufällig pünktlich waren?«

Komisch. Ich hasse die Pünktlichkeit plötzlich. Ich wünsche, das Flugzeug hätte Verspätung, wenigstens einige Minuten. Aber die

Lufthansa-Maschine schwebt schon durch die Wolkenburgen, durch eine Landschaft aus Wattebäuschen.

Ich kenne die Flugstrecke in- und auswendig. Gleich werden die verschneiten Gipfel der Alpen zu sehen sein, dann spiegelgleiche Häuser mit spitzen Dächern, symmetrische Gartenanlagen und kupfergrüne Zwiebeltürme, Vororte von München. Dann Hochhäuser und die Kälte. Und die Gleichgültigkeit der Gesichter.

Der Angestellte bei der Paßkontrolle blättert unfreundlich und mißtrauisch in unseren Pässen, als ob wir Schwerverbrecher wären. Der Flughafen, spiegelblank, riecht nach Desinfektionsmittel. Wie in einer Klinik. Und plötzlich vermisse ich den Quittenduft, den kühlen Hof der Karawanserei, das leise Plätschern des Springbrunnens. Und ich bereue fast die Entscheidung für die zweite Heimkehr. Was hätte ich alles dafür gegeben, um noch einmal durch die Säulenhalle des Grünen Mausoleums zu gehen und im schattigen Hof der Großen Moschee, unter perlmuttternen Kuppeln, kaltes Brunnenwasser zu trinken...

Während der langen Paßkontrolle werde ich ungeduldig. Beim Ausländeramt in der Poccistraße, wo wir früher unsere Aufenthaltserlaubnis verlängert hatten, und an Grenzübergängen habe ich mich immer als Ausländerin gefühlt, als die Ausländerin aus dem heißen Süden.

Endlich gibt er uns unsere Pässe zurück, nachdem er seinen Stempel reingedrückt hat: Einreise. Stempel über Stempel in unseren Pässen: Einreise-Ausreise, Einreise-Ausreise, Einreise... Jahrelang dieselbe Strecke hin und her auf der Suche nach einer Identifikation, nach einer Heimat.

Ich spüre wieder so stark das Gefühl des Fremdseins. Gleichzeitig aber erfüllt ein warmes weiches Gefühl mein Herz, als ich vor dem Flughafen München wiederfinde, die Stadt, in der ich über ein Drittel meines Lebens verbracht habe, und ein Taxifahrer uns auf Bayerisch anspricht. »Schon wieder daheim?« fragt er Tante Helga und Onkel Hans, die er offenbar für deutsche Touristen hält, die vom Urlaub zurückkommen.

»Schon wieder zu Hause«, antworten wir lächelnd. Aber »Zuhause« ist ein vager Begriff.

»Ein Gastarbeiterschicksal in der Bundesrepublik...
Ein beklemmendes Buch gegen den Haß und über die unmenschlichen Lebensbedingungen, denen sich Fremde in den Industriestaaten oft ausgesetzt sehen.«
(*Tele*, Zürich)

140 S., DM 19,80
ISBN 3-925798-60-9
Vom Autor aus dem Griechischen übersetzt

Die Bundesrepublik ist Aléxandros Gerakáris keine neue Heimat geworden. Sein Lebensinhalt ist eine Tochter aus einer flüchtigen Beziehung zu einer deutschen Frau. Doch dann entgleitet ihm auch die Tochter. Auf der Suche nach ihr endet sein Leben.
Aber wie? Durch einen Verkehrsunfall, wie die deutsche Polizei behauptet?
Der von der Polizei hinzugezogene griechische Dolmetscher macht eine Entdeckung...
Das Buch wurde in Griechenland zu einem Bestseller. Nach der Veröffentlichung setzte dort eine lebhafte Debatte über die Zustände in der BRD ein.

»Kostas Karaoulis hat ein Meisterwerk geschrieben...«
(*Ethnos*, Athen)

»Die Sprache der Übersetzung durch Karaoulis selbst wirkt authentisch. Sie ist direkt und doch voller Poesie.«
(*Mainpost*, Würzburg)

Brandes & Apsel Verlag · Nassauer Straße 1–3 · D–6000 Frankfurt 50

brandes & apsel

Hans-Jürgen Fuchs
Das glückliche Bewußtsein und die Krise
Ausländerfeindlichkeit in der Bundesrepublik
Fuchs zeigt, daß der Fremdenhaß tiefere Ursachen als die ökonomische Krise hat, »indem er detailliert und soziologisch und pädagogisch fundiert die Kontinuität aufzeigt, in der dieses Verhalten in der Geschichte des deutschen Staates steht.« *(Die Brücke)*

Marion Baumgart
Wie Frauen Frauen sehen
Westliche Forscherinnen bei arabischen Frauen
Die arabische Frau ist ein beliebtes Thema in Literatur und Film, Stoff zahlloser Mythen und Märchen, Traum vieler vom Fernweh getriebener westlicher Reisender. Sucht man jedoch nach genaueren Beschreibungen arabischen Frauenlebens, wird man oft enttäuscht.
Marion Baumgart zeigt mit ihrer kritischen Analyse die Grenzen bisheriger ethnologischer Arbeit und gibt Anregungen zur Erweiterung ethnologischer Frauenforschung.

Isolde Demele
Abstraktes Denken und Entwicklung
Der unvermeidliche Bruch mit der Tradition
Die Transformierung des traditional-konkreten in »modernes« Denken ist – so die zentrale These des Buches – Grundbedingung für die Überwindung der Unterentwicklung der »Dritten Welt«.

Werner Waldhoff
Der tiefere Grund des Meeres. Kriminalgeschichte
Wie man einen Luxusliner in tropischen Breiten kapert und ausraubt. Eine inspirierende Kriminal- und Abenteuerstory des Thriller-Erfolgsautors W. Waldhoff.

W. Fienhold / K. F. Schmidt-Mâcon / A. Seide (Hrsg.)
KindheitsVerluste
Fast vierzig Autoren schreiben über Kindheitserfahrungen ganz anderer Art, als diese Kinder sie sich erträumten: Erfahrungen der Zerstörung von Kindheit durch Krieg und Gewalt.

Ursula Sigismund
Bedrängte Zeit
Bedrängte Zeit erzählt von denen, die in den Jahren 1933 bis 1945 schon lebten, zu wenig sich wehrten, zu viel hofften und allzu vieles nicht glauben wollten.

Brandes & Apsel Verlag · Nassauer Straße 1–3 · D–6000 Frankfurt 50